Le sens des postures de Yoga
Asana – Décodage psycho-émotionnel

PRESENTATION 5

Préface 6

Avant-propos 8

Mode d'emploi 10

Introduction 11

THEORIE 12

Les 4 sentiers du Yoga 13

Les 8 membres/piliers 17
- Yamas & Niyamas 18
- Asana – Gestion du corps 21
- Pranayama – Gestion du Prana 21
- Pratyahara – Gestion des sens 22
- Dharana – Gestion de l'attention 23
- Dhyana – Méditation 24
- Samadhi – L'état de supraconscience 24

Récapitulatif 25

FONDATIONS 27

Le corps 28
- Corps et yoga 28
- Corps et spiritualité 30
- Corps – livre ouvert 31

  Le corps – symbole 35

Les asanas **39**
  Introduction **39**
  Origines 39
  Étymologie **41**
  Exécution **41**
  Effets **42**
  Les deux piliers des asanas **44**
  Asana et psychisme **44**

PRATIQUE 49

La sagesse des postures **50**
  Les trois plans **52**
  Les cinq groupes **53**

Asana - Outil de développement personnel **61**
  Les limites **62**
  La répétition et le maintien **64**
  La résistance **64**
  L'expérience **65**
  L'alignement **68**
  Etirements et contractions **69**
  Le juste effort **71**
  Le dépassement **73**
  Vivre au présent **74**
  Le contrôle **76**
  Les transitions **76**
  L'identification **77**

Asanas – Clés de décodage **80**
  Symbolique des noms **81**
  Symbolique du corps **85**

Asanas – Interprétation **90**

- Virabhadrasana 1 – le guerrier 1 91
- Virabhadrasana 2 – le guerrier 2 92
- Virabhadrasana 3 – le guerrier 3 94
- Bhujangasana – le cobra 96
- Halasana – la charrue 99
- Poorna Matsyendrasana – le seigneur des poissons 101
- Garudasana – l'aigle 105
- Adho Mukha Svanasana – le chien la tête en bas 106
- Vrksasana – l'arbre 108
- Padmasana – le lotus 110
- Balasana – l'enfant 111
- Tadasana – la montagne 113
- Utkata Konasana - la déesse 116
- Natarajasana - le roi de la danse 118
- Trikonasana – le triangle 121
- Pachimottasana – la pince 124
- Sarvangasana – la chandelle 126
- Sirsasana – la posture sur la tête 128
- Savasana – le cadavre 129

Interprétation d'un cours entier 133
- Première version 134
- Deuxième version 146

En conclusion 153

PRESENTATION

Préface

Le yoga est souvent considéré comme une mode venue de l'Inde qui s'est répandu à la fin du siècle dernier dans le sillage du « nouvel âge » avec une étiquette portant des images assez peu représentatives de ce qu'il est réellement.

Je pratique le yoga depuis presque 60 ans et je suis fidèle à cette tradition sans être fermée. J'ai choisi d'approfondir mon cheminement plutôt que de m'éparpiller. Je suis plutôt scientifique par mes études, j'ai fait une carrière dans l'Éducation en France et j'ai élevé trois enfants. Je suis « dans mes bottines ». Le yoga s'est présenté à moi comme un chemin pour…me connaître, me situer sans me figer dans un modèle, m'ouvrir à de nouvelles perspectives, me permettre de les expérimenter jusqu'à atteindre des états de conscience libérateurs. Cela grâce à une pratique régulière des techniques transmises par la Tradition parallèlement à une vie « comme tout le monde », des responsabilités, des stress et des épreuves.

Héraclite, philosophe grec (Vème siècle av. J.C.) répétait que pour « se connaître » il ne fallait pas seulement penser mais expérimenter. Il décrivait deux formes à cette expérience :

- l'une consistait « à se relier à l'infini, s'y reposer et se concentrer sur l'être immuable en nous ».

- La seconde expérience : la vie au quotidien où « Tout coule, la même personne ne peut se baigner deux fois dans le même fleuve ». N'est-ce pas le chemin que nous suivons dans la voie du yoga ?

Dans ce livre que j'ai lu avec bonheur, j'ai trouvé ce qui constitue l'essence du yoga. La posture, nous l'habitons à chaque instant de notre vie et tout le travail sur le corps proposé par Valérie dans *Asana* est un apprentissage d'une vie de plus en plus consciente qui se construit pas à pas. C'est un cheminement vers l'éveil de toutes les ressources qui sommeillent en nous, différentes pour chacun et qui ont été déposées au plus profond de nous à notre naissance.

C'est un livre, à ressentir, à déguster pour que tout ce qui y est décrit, crée en nous, le schéma d'un devenir où notre être prend sa place pour se réaliser et connaître la joie de l'union avec soi, la vie et le tout.

Francine Cauchy - Madhura
www.institutvidya.org

Avant-propos

Je vais vous emmener dans mon univers. Dans ce livre, je vous invite à partager ma vision, mon expérience du yoga. Cette vision est née au « fil » d'observations, de réflexions et de pratique. Il s'est organisé, s'est tissé, permettant ainsi à l'expérience de prendre forme puis vie.

Ce fil sera notre connexion tout au long de ce livre. Je remets donc entre vos mains, le début du fil de mes pensées. A vous de le suivre et de vous laisser guider.

Tout le monde a déjà entendu parler du Yoga, n'est-ce pas ? D'ailleurs, chacun d'entre vous en a, probablement, une vision différente. Mais, ce qui est sûr, c'est que c'est sa pratique physique qui a le plus de succès.

Ce succès a fait que, malheureusement, le yoga est, trop souvent, apparentée à de la gymnastique douce. La pratique des postures est devenue tellement populaire que le but primordial du yoga semble avoir été oublié.

Cette image erronée, fait que, même dans le milieu du yoga, certains pratiquants dénigrent sa pratique physique ne la considérant pas utile au développement spirituel.

Pourtant si nous choisissions de voir le corps au prisme de la philosophie yogique, nous saurions que le corps n'est pas que matière et nous aborderions les postures autant physiquement que symboliquement.

Je vous propose donc, ici, une approche différente de la pratique des asanas. Une approche où chaque partie du corps est un symbole et chaque posture est une analogie.

Mode d'emploi

Ce livre vous invite à un voyage d'exploration. Il se divise en plusieurs parties indépendantes et complémentaires les unes des autres. Chacune d'entre elles apporte un supplément d'information sans qu'il ne soit, pour autant, nécessaire, de les connaitre pour aborder les autres.

Vous pouvez donc choisir l'ordre dans lequel vous souhaitez lire ce livre, vous pouvez même occulter une partie complète si vous le désirez.

Voici un résumé des différents chapitres :

La théorie – c'est une introduction succincte qui vous fait découvrir ou redécouvrir ce qu'est le Yoga dans son ensemble: ses pratiques et fondement, son histoire.

Les fondations - ici s'offre à vous une vision différente du corps et des postures de yoga. On entre dans le vif du sujet.
Nous verrons quelle peut être la place du corps dans la pratique du yoga et dans la spiritualité. Nous aborderons, aussi, l'origine des postures et surtout leurs effets et leurs valeurs au-delà de l'aspect physique.

La pratique – c'est l'endroit où vous trouverez les interprétations des postures les plus courantes, pratiquées lors de séances de yoga. Vous y découvrirez le sens symbolique que peuvent prendre les cours de yoga.

Introduction
En écrivant ce livre, j'ai choisi de prendre la place d'un miroir et de vous décrire ce qui s'y reflète, sans détour, avec le plus de clarté et de simplicité possible.

Les asanas sont comme des formes géométriques qui nous permettent d'entrer en connexion avec les principes naturels (vibrations originelles). Ces différentes formes sont comme des codes d'accès ouvrant la porte à divers états d'être.
On peut aussi voir le corps comme une antenne ou un appareil récepteur-émetteur. Chaque position est un réglage et chacune nous permet de capter ou d'émettre un canal précis.

Finalement, chaque posture de yoga est un arcane, chaque asana détient un secret. Elles sont, comme les dieux et les anges, des analogies de principes naturels. Elles passent un message au subconscient, sans avoir à donner beaucoup d'explication. Mais, seul ceux et celles qui écoutent avec leur cœur, sauront comprendre ce qu'elles expriment.

Je vous invite, donc, à lire ce livre avec votre cœur plutôt qu'avec votre esprit car vous allez y découvrir comment interpréter le corps et les postures de yoga, par analogie.
Mais avant d'en venir à l'interprétation de la pratique physique du yoga, je pense qu'une explication simplifiée, de ce qu'est la pratique du yoga, s'impose.

THEORIE

Les 4 sentiers du Yoga

Le Yoga est avant tout un état d'être. Cet état est atteint en plusieurs étapes. Le pratiquant pour pouvoir prendre conscience de sa vraie nature apprend d'abord à être un observateur impartial. Il cherche à développer, par divers moyens, la pure perception ou conscience, une perception sans filtre. Cette pure perception lui permettra de comprendre sa vraie nature, de discerner la vérité de la réalité, de prendre conscience de qui il est vraiment.

Une fois la conscience développée, le pratiquant, peut s'unir (yoga) à sa vraie nature (sa nature divine), puisqu'il la reconnaît et peut, enfin, lui donner la priorité.
Le pratiquant n'est plus un corps avec une âme mais une âme dans un corps. Et, en tant qu'individu, il peut choisir de ne plus être influencé par le cycle de la Nature (naissance-mort-renaissance). Il est certain que son corps physique restera en partie dépendant de ces lois, qu'il continuera de vieillir et mourra, mais son âme, elle, pourra renaître ou s'unir à l'éternité en toute conscience.

Le but principal du Yoga est l'atteinte de cet état de libération suprême, libération des cycles de vie-mort-renaissance (Moksha). Moksha est la cessation de la réincarnation qui nous permet de rester en union avec le grand Tout. C'est pour atteindre ce but ultime que le pratiquant se lance dans un voyage mystique. Il peut choisir différents sentiers (*Margha*). D'après la Bhagavad Gita, il en existe trois (*Trimargha*):

Bhakti Yoga - Karma Yoga - Jnana Yoga

Un quatrième est parfois ajouté à la liste: **Raja Yoga** ou le yoga Royal

Selon notre tempérament, nos besoins du moment et/ou notre personnalité l'une ou l'autre de ces voies nous conviendra mieux. Chacun de ces sentiers est un moyen différent d'atteindre la Libération. Ils ont chacun leurs spécificités. Mais leurs différences ne les empêchent pas d'être complémentaires.

Bhakti Yoga: est le yoga de la dévotion, de l'amour désintéressé. La pratique de Bhakti comprend l'étude de textes, la récitation de prières, la répétition de mantras, chants, danses. La pratique de ses diverses techniques se base sur des rituels bien précis. Elle convient aux natures émotionnelles, aux personnes en recherche de foi. C'est la pratique du cœur. Personnage: le pasteur.

Jnana Yoga: est le yoga de la connaissance (*Jnana*) et de la compréhension. Il serait la voie yogique la plus difficile et la plus austère. Cette voie demande beaucoup de volonté, de discernement et un esprit d'analyse. Sa pratique comprend l'étude des textes anciens, mais aussi la réflexion sur qui nous sommes et ce que nous sommes. C'est la voie de l'esprit. Personnage: le philosophe.

Karma Yoga: est le yoga de l'action et du dévouement. Sa pratique demande des actes désintéressés. Elle implique de consacrer nos actions à l'essence divine, rien n'est fait juste pour soi, tout est fait en offrande à cette essence. Cette pratique correspond aux personnes ayant un sens du devoir, à celles d'un tempérament extraverti et dynamique. Elle demande beaucoup d'acceptation. C'est la pratique de la personnalité. Personnage: le promoteur, le leader.

Raja Yoga: est le yoga royal (*raja*). Sa pratique demande un esprit scientifique et de la maîtrise. Cette voie adopte les méthodes de contrôle physique, émotionnel et mental pour atteindre l'état de conscience transcendantal connu sous le nom de *Samadhi*. Les *asanas* (postures de yoga), le *Pranayama* (techniques respiratoires) et la méditation sont quelques exemples de ses techniques. Le Raja yoga est la pratique de la conscience.
La personne qui choisit ce sentier, choisit la lucidité, voir les choses comme elles sont et non comme elles semblent être ou comme l'on souhaiterait qu'elles soient. On peut dire qu'elle choisit la dés-illusion.

Maintenant que les différents sentiers vous ont été présentés, une question se pose: quel est le sentier le mieux adapté à vos besoins ?
Pour pouvoir vous répondre, je vais ouvrir une parenthèse, pour un court instant, si vous le voulez bien.

Selon votre tempérament, vos conditions de vie, votre culture, vous serez enclin à choisir un de ces systèmes plutôt qu'un autre. Et si l'heure est au choix, sachez qu'il est préférable d'écouter votre cœur.

Dans votre armoire je suppose que vous avez des vêtements de différentes couleurs, matières et styles. Je suis également certaine que vos choix de tenues vestimentaires dépendent grandement de vos besoins ou de vos humeurs et que votre style actuel n'est pas celui que vous aviez il y a 10 ans. Eh bien, il en va de même avec les différents styles de yoga.

Vous serez attiré par un style, à un moment donné de votre vie, parce qu'il vous correspondra mieux à ce moment précis mais cela ne veut pas dire que les autres n'ont rien à vous apporter. Alors, restez ouverts, tout au long de votre périple.

Retenez simplement, que chaque système de yoga est une voie d'accès à une connaissance qui dépasse les cultures et les religions. C'est, d'ailleurs, pour cela qu'il peut être pratiqué par tous.

Les quatre sentiers sont complémentaires et aucun n'est meilleur que les autres. En vérité, chacun d'entre eux devrait contenir les autres car c'est ensemble qu'ils forment le yoga.

Je tiens, d'ailleurs, ici, à préciser que le yoga n'est pas la seule voie d'accès à la spiritualité et qu'ils existent d'autres philosophies, venues d'autres pays, qui offrent les mêmes connaissances sous d'autres formes.

Mais fermons la parenthèse et revenons-en au Raja Yoga, car c'est dans cette voie que l'on retrouve la pratique des asanas.

Le Raja Yoga est composé de huit membres ou piliers.

Les 8 membres/piliers

Nous savons qu'il y a environ 2500 ans, un sage du nom de *Maharishi Patanjali*, avec l'aide de *Rishis* (moines érudits), a compilé un essai que nous connaissons sous le nom de Yoga Sutras de Patanjali. Il a compilé ce livre pour expliquer le but et le chemin du raja yoga.

Cette forme de yoga est également appelé ashtanga yoga, qui signifie littéralement les 8 membres (à ne pas confondre avec le ashtanga yoga de Sri Pattabhi Jois qui est le nom donné à une pratique du yoga et non un sentier).

Chaque membre du raja yoga est un moyen destiné à contrôler le corps et l'esprit. Ces 8 piliers sont comme les membres du corps. Ils nous permettent d'agir sur, de développer et modeler, aussi bien notre énergie mentale que physique, afin de découvrir notre dimension spirituelle.
Ils sont, en fait, des pratiques, des techniques, grâce auxquelles nous pouvons régler le récepteur-émetteur que nous sommes afin de nous connecter, et de nous unir, à notre part divine, si nous le souhaitons.

Prenez une minute et imaginez une échelle allant de la Terre jusqu'aux Ciel. Une échelle dont chaque marche serait une pratique/technique qui vous amènerait plus haut. Il est évident que les marches forment l'échelle et que si une seule d'entre-elles

venait à manquer nous ne pourrions pas être sûrs d'atteindre le sommet, n'est-ce pas ?
Vous comprendrez, donc, que chaque pratique a un rôle à jouer dans notre avancement spirituel, que chacun de ses piliers a son importance et qu'aucun ne devrait être dénigré.
Maintenant, voyons ensemble, et en détails, quelles sont ces marches.

Yamas & Niyamas
La gestion de nos instincts et conditionnements

Les Yamas et les Niyamas sont les deux premiers membres. Ils définissent le cadre dans lequel va se construire l'aspirant. Ils sont des points de références qui nous permettent de nous situer dans notre évolution personnelle, dans le changement. En fait, ces pratiques, sont comme des limites, elles sont le contour, le contenant. Elles tracent les lignes à suivre durant notre périple, et évite au disciple de se perdre dans les turpitudes de son voyage mystique. Elles sont un peu comme une boussole nous permettant de garder le cap vers le but à atteindre.

Les Yamas-Niyamas sont des valeurs, ils créent de nouvelles fondations, nous aident à remodeler notre personnalité. Car si nous ne "travaillons" pas notre personnalité, notre mode personnel d'actions et de réactions, nous ne pourrons pas percevoir et recevoir la connaissance qui se trouve sur le sentier de la pratique, et, celle-ci restera dans l'ombre tout comme nous.

Il faut un cœur pur si l'on veut voir la lumière! Et c'est à cela que serve aussi les Yamas et Niyamas, à purifier le cœur.

Les **Yamas,** correspondent à une éthique sociale. Ils sont composés de 5 principes éthiques de vie qui nous aident à cultiver l'harmonie en société et dans nos relations aux autres. Ces principes sont:

- *Ahimsa* - le principe de non-violence. La non-violence aussi bien physique que mentale ou verbale. La non-violence envers les autres et envers nous- même.
  L'idée d'Ahimsa est de ne pas nuire et de préserver la vie au maximum.
- *Satya* - l'authenticité, l'honnêteté. Il s'agit ici, de dire la vérité, d'oser la reconnaître, l'accepter et de la rechercher.
  Satya nous invite à reconnaître l'existence de l'illusion et à chercher à en lever le voile.
- *Brahmacharya* - à l'origine signifiait chasteté, observance. Mais pour ramener ce principe à la vie quotidienne, on retiendra le mot « modération ».
  L'idée nous invite à ne plus être dépendant de notre énergie primaire mais de la sublimer, de la sacraliser.
- *Asteya* - Ce principe correspond à l'abstention de vol sur le plan matériel, mais aussi intellectuel et émotionnel. Il définit l'intégrité du pratiquant. C'est une invitation à se connaître soi-même à être authentique.
- *Aparigraha* – le principe de dépossession. Laisser de côté toutes les possessions inutiles. Ne pas être

continuellement dans la recherche d'accumulations et de richesses.
C'est savoir se contenter de soi, mettre « l'être » avant « l'avoir ».

Les **Niyamas** sont des principes de discipline personnelle.

- *Saucha* - le principe de pureté aussi bien externe qu'interne. C'est l'hygiène du corps physique et mental, le soin donné à l'alimentation, les mots que l'on choisit lors d'une conversation, la pureté de nos intentions…
- *Santosha* - la pratique du contentement. C'est accepter la vie telle qu'elle est, savoir apprécier ce que l'on a, cultiver l'acceptation et la satisfaction. C'est également savoir exprimer la gratitude.
- Tapas – c'est faire les choses avec volonté. Donner 100% de soi dans tout ce que l'on fait. C'est s'engager.
- Svadhyaya - Svadhyaya est la pratique de l'introspection. Ce principe nous encourage à étudier des textes spirituels, à réfléchir sur notre comportement et à remettre en question nos idées. C'est la conscience de soi qui nous permet de mieux comprendre notre vraie nature et nous guide vers la croissance.
- *Ishwarapranidhana* - l'ouverture à l'absolu. L'absolu c'est Brahman, le mental cosmique, la réalité ultime. Accepter que nous n'avons pas le contrôle de tout, qu'il y a quelque chose de plus grand ; qui nous dépasse.

Ces deux premiers membres sont les fondements qui constituent le code moral du yogi.

Asana – Gestion du corps
Les Asanas sont, comme nous l'avons vu plus haut, des postures du corps dans lesquelles le pratiquant se tient immobile, sans forcer et en toute conscience, à l'écoute.
A l'origine, elles sont des préparations à la méditation. Elles entraînent le corps et le mental à être détendus et fermes, à être actifs et passifs simultanément.
L'idée est de trouver l'équilibre entre deux pôles: l'effort et la détente, la volonté et le lâcher-prise sachant que l'équilibre physique et psychique se situe entre les deux.
On entre dans la posture, on la garde, on observe, on corrige et on accepte.
D'ailleurs, une posture du corps ne peut être nommée asana que si elle est tenue de manière stable (physiquement et mentalement). Elle doit être confortable et pratiquée en toute conscience. Et surtout, avec la volonté d'apprendre quelque chose de l'expérience qu'elle nous procure.
C'est l'essence même de ce troisième membre qui sera développée plus loin dans ce livre.

Pranayama – Gestion du Prana
Le Prana c'est l'énergie vitale. Les japonais le nomment Qi 気, les chinois le Chi, même si, universellement, c'est la même chose.
Le prana participe à notre santé autant physique que mental. Apprendre sa maîtrise passe par la maîtrise du souffle, de la respiration. Plus elle est régulière et

longue, plus le mental est calme et plus le flux de Prana sera libre.

Les nerfs ainsi que les canaux d'énergie (appelés *nadis*) sont comme des câbles électriques. Ils doivent être propres et solides afin de supporter la charge énergétique des divers phénomènes mentaux. Car si les câbles sont fragiles ils risquent de fondre, il y aura court-circuit.

Maîtriser le prana, c'est s'assurer d'être en bonne santé et d'avoir les idées claires.

Pratyahara – Gestion des sens
On le traduit souvent par « retrait des sens ».
Nos 5 sens (le goût, la vue, le toucher, l'odorat et l'ouïe) sont majoritairement tournés vers le monde extérieur. Ils sont comme des antennes absorbant les stimuli qui façonnent et colorent notre représentation du monde extérieur.

A ce stade on cherche à diriger ses antennes vers l'intérieur. On ne les «éteint» pas, on ne les ferme pas (ce n'est pas possible de toute façon). On les dirige tout simplement de l'extérieur vers l'intérieur.

Cette pratique nous permet de voir ce qui se passe en nous et crée une pause par rapport au monde extérieur. C'est un peu comme faire le « reboot » de votre PC.

En tournant nos sens vers l'intérieur, on se rend compte combien de choses s'y passent sans que nous en soyons conscient. On commence à apercevoir ce qui, jusqu'à lors, nous était invisible. C'est le début de la connaissance consciente.

Dharana – Gestion de l'attention
Dans notre vie de tous les jours, l'attention est très instable, très mobile. Elle est souvent comparée à un singe sautant de branche en branche.
L'attention aime apprendre, elle est joueuse, espiègle et légère. Personnellement j'aime la décrire comme un jeune chiot car elle a tendance à courir systématiquement derrière tout ce qui passe dans son champ de perception.

Apprendre la concentration signifie éduquer notre attention à rester centrée. Si je reprends l'exemple du chiot, je vous dirais qu'on lui apprend à ne pas courir derrière les balles qui passent et à rester à nos pieds. Pour atteindre la concentration, on dirige notre attention, intentionnellement, sur un objet, externe ou interne, comme les doigts de la main ou le souffle et on l'y ramène chaque fois qu'elle s'éloigne jusqu'à ce qu'elle soit stabilisée. On peut aussi y arriver, en répétant un mot ou une phrase (appelé Mantra) pendant un certain temps.
En fait, on entraîne notre attention à rester fixée sur un objet aussi longtemps que possible. Si elle s'éloigne (ce qui est tout à fait naturel, rassurez-vous.), il suffit de l'y ramener, sans force, sans brutalité, avec douceur et acceptation. Apprendre la concentration c'est apprendre à dompter son esprit.
La concentration est le début de toute méditation. C'est un passage obligatoire. Car lorsque l'on est concentré le mental se stabilise et nous permet d'entrer dans un état méditatif. Dharana et Dhyana sont donc étroitement liées.

Dhyana – Méditation
C'est le prolongement de l'état de concentration, son approfondissement. Si *Dharana* demande un effort conscient, *Dhyana* n'en demande aucun, bien au contraire.
Dharana – la concentration - est un état de «faire» et *Dhyana* - la méditation - est un état «d'être». Ici, on est dans un état d'équilibre intérieur, immobile et on savoure l'instant, pleinement.

Une idée erronée fréquente est de croire que la méditation est la cessation du flux des pensées. Cela n'est pas possible, la nature même de notre esprit ne le permet pas, nous serions un légume. En vérité, la méditation est définie comme un flux de pensées ininterrompu sur un objet de concentration, que ce soit le souffle, le Soi ou une divinité. En fait, la concentration est telle que toute autre perception sensorielle est écartée.
Une fois l'état de méditation atteint, il y a différents niveaux d'absorption, plus ou moins profonds. Le perfectionnement de ces niveaux va nous permettre d'expérimenter la dernière étape: l'état de supraconscience.

Samadhi – L'état de supraconscience
Cet état ne peut être ni décrit ni compris. Le *samadhi* transcende toute expérience sensorielle ordinaire. C'est un état qui dépasse la notion de concepts et d'intellect. Il transcende le temps, la condition humaine, l'espace et la causalité.
Selon les yogis, le *samadhi* nous connecte à la vie elle-même, dans sa plénitude.

C'est l'état vers lequel tendent tous les êtres, un état d'unité avec le Tout – *Brahman* (vous pouvez lui donner le nom que vous voulez).
C'est l'absorption dans la Conscience cosmique.

Récapitulatif

Le yoga est une discipline du corps et de l'esprit qui comprend une grande variété d'exercices et de techniques. Les techniques employées utilisent des postures physiques (appelées *asanas*), des pratiques respiratoires (*pranayama*) et de méditation (*dhyana*), ainsi que la relaxation profonde (*yoga nidra*).

D'un point de vue historique, le terme *Yoga* fait référence à un corpus d'enseignements et de techniques spirituels développés en Inde au cours des 5 000 dernières années. Le yoga peut donner l'impression d'être une tradition homogène, pourtant, il existe des centaines, voire des milliers de sectes et d'écoles de yoga, chacune avec ses variations de doctrines et de pratiques.

Du point de vue d'un novice, le yoga est une pratique, une discipline. Du point de vue de l'adepte, le yoga est une philosophie de vie.

J'espère que ce chapitre sur les fondements, les pratiques et l'histoire du yoga, vous aura éclairé. Il est vrai que le yoga, dans sa globalité, est indéfinissable. Il est dit qu'il ne peut être compris que par l'expérience. Je vous invite donc à le pratiquer si vous ne l'avez pas déjà fait.

Nous nous sommes quelque peu éloignés du sujet de ce livre mais cette partie théorique était nécessaire à une meilleure compréhension de ce qui va suivre. Entrons maintenant dans le vif du sujet en commençant par voir ensemble la relation entre le corps et le yoga.

Quel que soit la porte d'entrée par laquelle passe l'aspirant, si son intention est pure, il pourra atteindre la connaissance, l'équilibre et la joie.

FONDATIONS

Vous l'aurez sûrement compris, le yoga est avant tout une discipline à but spirituelle. Celle-ci est pratiquée afin de faire l'expérience du lien entre la Terre et le Ciel, entre l'Humain et le Divin. Comme nous l'avons vu dans la première partie, il existe différentes pratiques et l'une d'elles est la pratique des postures de yoga (les *asanas*). Je vous avais, d'ailleurs, promis de développer le sujet. Et bien nous y voilà !

La pratique des asanas a pour but de promouvoir un état psycho-physiologique sain. Elle permet de renforcer le fonctionnement optimal du corps et de l'esprit et d'équilibrer leur relation. Ce sont des conditions nécessaires pour une pratique de la méditation, sans gêne physique, mentale ou psychique.

Mais comment une discipline spirituelle peut-elle avoir intégré des exercices physiques ? N'est-ce pas contradictoire ? C'est ce que nous allons voir.

Le corps
Corps et yoga
La plupart des sociétés occidentales sont les héritières d'une vision négative du corps. Une vision où le corps n'est vu que comme corps aux instincts animal. Un corps qu'il faut contrôler, soumettre et maîtriser, de peur qu'il n'entrave la vie spirituelle.

En yoga, l'approche du corps est différente. Elle peut même paraître paradoxale.

D'un côté le corps est vu comme le dernier échelon de la réalité humaine puisque la matière est la plus basse manifestation de la nature (attention de ne pas confondre basse et mauvaise). Et de l'autre côté, il est le premier matériau d'évolution. Il est habité par notre âme, il est son véhicule, son moyen de connaissance et de reconnaissance.

Le corps est matière, oui, mais la matière est née de l'énergie universelle et la contient. Et c'est pour cela que la dimension psychique ne peut être séparée de la dimension physique.
C'est à travers le corps que nous percevons le monde et que le monde nous se montre à nous. Nos 5 sens n'existeraient pas sans le corps et l'expérience de la vie n'existerait pas sans nos 5 sens. Le corps nous est donc indispensable à la connaissance. Il contient la magie de la vie en lui, il est une partie de cette magie. Il fonctionne sans que nous ayons besoin d'y penser. Il grandit, se répare, réagit au monde extérieur. Il est, aussi, la partie la plus visible, la plus perceptible, de notre « être ».

Le corps est influencé par nos états d'âmes, il est le reflet de notre esprit, sa matérialisation - pas dans sa forme mais dans son expression, dans son maintien. Sa posture nous en dit long sur nos humeurs, notre vision du monde, nos attentes et nos émotions.
Cette double nature du corps, visible dans sa forme et invisible dans son fonctionnement, peut nous être très utile. En effet, lorsque l'on apprend à comprendre

son langage, il peut nous révéler bien des choses sur qui nous sommes, où nous nous trouvons et ce dont nous avons besoin.

Corps et spiritualité
Notre corps est notre temple, jusqu'au jour de notre mort. Il est ce qui nous est de plus proche, de plus intime. La relation que nous entretenons avec lui ne pourrait-elle pas nous amener à mieux comprendre ce qu'est le Sacré - la spiritualité ?

On a tendance, par exemple, à oublier son corps, à ne pas s'en occuper, tout comme on oublie ou on ne se préoccupe pas de sa spiritualité. On le rejette quand il n'est pas comme on le rêve ou quand il ne fait pas ce que l'on désire, tout comme on peut le faire vis-à-vis des gens ou de la spiritualité.
Lorsqu'on le place au-dessus de tout, il devient obsession et celle-ci nous aveugle. Nous nous trouvons dans l'illusion et cela nous rend egocentrique et égoïste, nous empêchant de vivre notre vie pour et avec les autres. La relation que nous entretenons avec notre corps peut nous éclairer sur notre relation au monde, aux autres et à la spiritualité.

Notre corps, tout comme nous, est fait de Divin, il vit, boit, mange le Divin car tout est Divin, sinon rien n'existerait. Finalement, il va là où l'on va, toujours présent, il nous supporte.
Notre corps nous rappelle nos limites et nos limites nous rappellent l'illimité car l'un ne peut exister sans l'autre. Il est un lieu de révélations, chaque sensation

nous apprend quelque chose sur nous même, les autres ou la vie.
A travers lui nous sommes en lien avec ce qu'il y a de plus grand et de plus beau. Il abrite le souffle qui nous inspire, nous anime et nous libère. Cette conscience de la dimension spirituelle de notre corps peut nous accompagner dans la vie quotidienne, dans chacun de nos gestes et de nos mouvements.

Le corps est le premier outil de travail sur le cheminement spirituel. C'est un objet matériel facile à appréhender grâce aux cinq sens. Nous pouvons le voir et le toucher. Et grâce aux asanas, nous apprenons à l'observer dans le mouvement comme dans l'immobilité.
L'immobilité physique, devient silence sur le plan psychique. Elle nous enseigne le non faire. Elle laisse place à l'expérience, à la connaissance, à la vie telle qu'elle est.

Il est dit que : « Un corps détendu ne peut contenir un esprit inquiet. »

Corps – livre ouvert
Le corps est un livre vivant dans lequel nos émotions (colère, tristesse, amour ou joie…) et expériences s'impriment. Ce qu'il exprime, ce qu'il renvoie, est la manifestation physique de nos processus émotionnels internes.

En lui, s'inscrit notre histoire. Une histoire dont nous ne sommes pas prisonniers puisque nous en sommes aussi l'écrivain. Une histoire dont nous pouvons choisir de modifier le contenu en créant de nouvelles pages. Une histoire que nous pouvons apprendre à lire, à écouter et à ressentir.

La nature de notre esprit et nos humeurs se reflètent continuellement dans notre corps. En d'autres termes: la façon dont notre corps se tient est, pour une grande part, le résultat de nos pensées et sentiments bien que nous n'en soyons pas toujours conscients. Que nous vivions réellement, ou en imagination, un état mental ou émotionnel, celui-ci s'exprime à travers le corps.

Ecriture

Prenons l'exemple de la peur. Lorsque l'on a peur, le corps entre dans une posture particulière. La tête basse, les épaules rentrées, la respiration courte, haute… Il se ferme pour se protéger et s'isoler. Cette posture est une réponse naturelle à une situation et une émotion données. Lorsqu'elle est répétée régulièrement, elle s'imprime dans le corps de façon plus permanente et devient la norme, même hors de situation de danger.
Du coup, l'esprit reçoit continuellement un signal de danger. En retour, il continuera de demander au corps de se mettre en position de protection. Et ainsi de suite. Le cercle vicieux est installé.
Ce cercle vicieux ne pourra être brisé que si l'on aligne le corps avec l'esprit et l'esprit avec le corps. Si on ne le fait pas, plus le temps passera et plus cette

attitude tant physique que psychique va s'inscrire en profondeur, dans l'inconscient, jusqu'à influencer la forme de notre corps et son fonctionnement.
C'est ainsi que notre histoire personnelle s'inscrit dans notre corps, le façonne et le rend unique.

Réécriture

On parle très souvent du pouvoir de l'esprit sur le corps mais on oublie, hélas, de mentionner le pouvoir du corps sur l'esprit.
Parce que notre culture a trop tendance à séparer le corps de l'esprit alors même qu'ils sont inséparables, qu'ils sont en mutuelle interconnexion, que l'état de l'un influence l'autre. C'est pour cela que le seul travail de l'esprit n'est pas suffisant à l'obtention de résultats durables. Le corps peut être un obstacle sérieux dans la progression d'une personne tout comme il peut être un allié.

Voici un exercice qui vous permettra d'en faire l'expérience:

> *Répétez «je suis nul, je ne vaux rien.»*
> *Laisser votre corps exprimer cette affirmation négative. Vous remarquez que vos épaules se ferment, que votre tête se baisse...*
> *Une fois que votre corps se sera aligné avec cette affirmation négative, et tout en continuant de la répéter, levez la tête vers le plafond. Puis tendez les bras vers le ciel. Maintenant, souriez tout en continuant de répéter l'affirmation négative.*

> *Que se passe-t-il ? Que ressentez-vous ? Il y a une forme de résistance, n'est-ce pas ? Il vous devient soit difficile de continuer la répétition de l'affirmation négative soit de maintenir la posture du corps ?*

Le constat est que l'esprit n'accepte que difficilement, si ce n'est pas du tout, ce que le corps ne reflète pas.
En changeant la posture de notre corps nous pouvons, donc, changer notre état d'esprit, notre façon de voir le monde et d'être vu. En changeant de posture nous changeons le cours de l'histoire qui y est inscrite. A lui seul, ce changement, peut avoir un effet profond sur le processus psychosomatique.
Et c'est là que les asanas ont leur rôle à jouer. Chaque posture de yoga vous donne la chance de vivre une expérience et donc d'influencer votre esprit. Chacune d'entre elles va vous permettre d'écrire de nouvelles émotions, de nouvelles expériences, de nouveaux «états d'esprit».

Prendre une posture, la tenir pendant un certain temps c'est comme prendre une décision et s'y tenir pour un temps. Au début entrer dans certaines postures (physique, émotionnelle ou mentale) peut être un peu difficile car elles nous sont inconnues, nous ne savons pas comment placer notre corps, nous nous fatiguons rapidement car notre système (physique, émotionnel ou mental) n'y est pas habitué.

Nous avons chacun des capacités différentes qui se sont développés en fonction de notre expérience, de notre environnement, de nos habitudes. C'est pour cela que certaines postures sont plus ou moins difficiles à exécuter et d'autres moins. Cela dépend grandement du fait qu'elles entrent ou non en conflit avec nos propres limitations (physiques, émotionnelles ou mentales). C'est d'ailleurs pour cette raison que l'on peut affirmer que l'exécution des postures nous permet une meilleure connaissance de nous-même.

« *Sans le corps, l'homme ne peut atteindre aucun résultat.* »
Rudrayamala (I,V,160)

Le corps – symbole
Chaque partie du corps a un rôle particulier et nous sert dans des actions précises.
Nos jambes, par exemple, ont pour rôle de nous de porter, de nous permettre d'avancer. Grâce à nos bras et nos mains nous pouvons prendre, donner, enlacer, porter ou encore repousser, pour ne citer que quelques-unes de leurs fonctions.
Ces fonctions physiques sont en lien avec notre état d'esprit. Si nous avons peur d'avancer cela se fera ressentir dans nos jambes car notre corps reflétera cette crainte en stockant plus de résistance à leur niveau. Si nous avons peur de recevoir, de prendre ou

de donner, ce seront nos mains ou nos bras qui manqueront de souplesse et d'aisance.

Les articulations, quant à elles, permettent à ces fonctions physiques d'être mises en pratique avec aisance. Sans elles, notre corps ne serait qu'un bloc que l'on aurait bien du mal à faire bouger. La marche, par exemple, serait très fatigante et difficile sans la souplesse des genoux. A l'inverse trop de souplesse ne nous permettrait pas de nous tenir droit, de supporter un certain poids, d'avoir de la tenue.

En règle générale un corps raide, rigide est un corps crispé. Il montre une certaine résistance, un manque d'acceptation. Il y a souvent, en arrière-plan, soit une trop forte volonté de diriger les choses ou une peur de ne pas gérer, d'être abusé. A l'opposé un corps extra-souple montre une tendance à ne pas savoir ou à ne pas vouloir poser de limites, à se plier facilement aux désirs des autres. Il y a un manque d'assise, de tenue.

Le corps est composé, en commençant par le haut, de la tête, des bras, du tronc, des jambes. Le tronc étant le cœur du système, une sorte d'amplificateur auquel toutes ces parties sont attachées. Comme le corps d'une guitare.

Pour mieux comprendre la symbolique du corps, observons le cycle d'une idée-concept de sa naissance à sa réalisation. De l'intériorisation à l'extériorisation.

> *Imaginez le corps étant une sorte d'instrument de musique, sensible aux vibrations.*
> *Voyez une pensée naître dans votre tête, une idée sous forme de vibration, comme une note de musique. Avant de se matérialiser, de s'extérioriser la vibration de cette idée-concept va circuler dans votre corps.*
> *Visualisez son cycle. Elle part de la tête et passe par le cou d'où elle va parfois s'extérioriser sous forme verbale. Elle glisse, ensuite, sur les épaules où elle est soupesée et s'infiltre dans les bras jusqu'à atteindre les mains d'où elle pourra se matérialiser à travers l'écriture, le dessin ou tout autre type d'action.*
> *Elle s'étend, aussi, dans le tronc où elle va s'amplifier en se colorant d'émotions. Et va s'épandre dans les hanches, où le choix de la direction à prendre sera effectué. Puis elle termine son cycle en passant dans les jambes où son expression matérielle se fera sentir dans le choix de direction, la faiblesse ou la force de leur support. Tout le corps rayonne cette idée-concept, tout le corps l'exprime.*

Il peut arriver qu'elle reste bloquée sur son parcours, pour diverses raisons. Sa vibration entre, peut-être, en conflit avec d'autres vibrations déjà présentent. Elle peut également, provoquer des réactions à différents endroits du corps et sous diverses formes. C'est ainsi qu'apparaissent les maladies psychosomatiques. Car une idée-concept qui est née à besoin de faire son cycle complet sinon elle « pourrie » polluant l'environnement où elle se trouve.

Comme vous avez pu le constater, chaque partie du corps représente, par analogie une étape de l'évolution d'une idée-concept, un état d'être. Ce qui est important de noter, est que quand la circulation se fait dans un sens, elle peut se faire dans l'autre. L'idée-concept ou l'état d'être influence l'état de faire autant que l'état de faire influence l'état d'être.

Vous comprenez mieux, maintenant, pourquoi notre rapport au corps est important. Savoir l'observer, l'écouter, le ressentir en toute acceptation, nous permet de prendre conscience de nos différents états d'être et d'aider les différentes vibrations qui parcourent notre corps à compléter leur cycle du mieux possible.

Le corps peut nous indiquer où nous nous trouvons, psycho-émotionnellement. Chacune de ses parties nous fournit des informations précieuses. Et en entrant dans les postures de yoga on peut le modeler et influencer nos états d'être par le faire.
Tout comme un sculpteur on délivre l'œuvre (notre moi divin), prisonnière de la matière, en enlevant le superflu.

Les asanas

Introduction

La juste pratique du yoga en général et des asanas en particulier, **ne se limite ni** aux pratiques physiques **ni aux** pratiques méditatives ou mentales mais les englobe. Les pratiques de yoga, quelles que soient celles que vous choisissez, devraient toujours contenir un peu de chacune de ces approches. Idéalement une asana devrait être exécutée en suivant les 8 membres. (voir page …)
Car les 8 piliers sont trop souvent vus comme des pratiques distinctes alors que chacun d'entre eux contient, aussi, les autres.

Pourriez-vous faire un gâteau sans farine ou sans œufs ? Difficile, non ? Nous savons tous que pour faire un gâteau, certains ingrédients sont indispensables. Et bien, il en va de même pour la pratique du yoga. Chaque pilier est un ingrédient et tous sont nécessaires. Ce sont les proportions et la manière dont vous utilisez ces ingrédients qui feront que le résultat sera différent d'un individu à l'autre.

Origines

Le Yoga est une pratique ancienne originaire d'Inde, qui remonte à plus de 5000 ans. Les Asanas, quant à elles, sont apparues bien plus tard, il y a environ 2000 ans.

Initialement, les postures étaient utilisées pour aider les pratiquants de Yoga à se concentrer et à méditer plus efficacement. Elles sont considérées préparer le corps à la méditation en aidant les pratiquants à atteindre un état de détente et de calme intérieur. Avec le temps, les postures sont devenues plus complexes et ont été utilisées pour renforcer les muscles, augmenter la flexibilité, améliorer la posture et favoriser la circulation sanguine.

Les objectifs des Asanas sont multiples. Elles permettent de développer la force, la souplesse et l'endurance. En outre, les Asanas aident à équilibrer le corps et l'esprit, en réduisant le stress, en améliorant la concentration et en favorisant un état de calme intérieur. Elles peuvent également être utilisées pour traiter certains troubles physiques et émotionnels, tels que l'anxiété, l'insomnie et les maux de dos.

Dans le *Hatha Yoga*, les textes diffèrent quelque peu sur cette question. Dans le *Hathayogapradipika* (écrit au XVe siècle par Swami Svatmarama), par exemple, les asanas sont présentées en premier, alors que dans le *Gherandha Samhita* (écrit au XVIIe siècle), la pratique des *Satkarmas* (exercices de purification) est essentielle avant celle des *asanas*.

Selon le *Hathayogapradipika* (Chapitre I, Sutra n°19), les *asanas* doivent être pratiquées pour acquérir une posture assise stable et légère, favorable à la pratique de la méditation. Cet entraînement a également pour objet l'obtention et le maintien d'une santé optimale.

Selon les *Yoga-sutras* de *Patanjali* (probablement écrits en 200 av. J.C.), l'*asana* ne semble pas être une pratique en vue d'un objectif à atteindre. Il s'agit plutôt d'indiquer ce qu'est l'être humain dans son état naturel.

Étymologie
Du point de vue étymologique, le terme « asana » traduit littéralement le « fait de s'asseoir » ou la « manière d'être assis ». C'est également le « siège ». En français, on parle généralement de « posture ». Ce terme provient de l'italien « positura » qui signifie « position » ou « situation ». Exécuter des postures de Yoga c'est donc « se mettre en situation ». Autrement dit, s'entraîner à faire face ou à vivre une situation. Ce qui se passe sur le tapis de yoga n'est, donc, qu'un entraînement de ce qui, au quotidien, arrive en dehors du cours. En apprenant à rester calme, concentré et détendu dans les postures, vous apprenez à rester calme, concentré et détendu dans diverses situations de la vie.

Exécution
En réalité, nous ne devenons pas seulement ce que nous pensons mais aussi ce que nous faisons. D'où l'importance d'apprendre la juste attitude, posture. Il est vrai que chaque posture peut être vue comme une pratique physique (puisqu'elles sont faites par le corps) pourtant le plus important dans la pratique n'est pas de «faire» la posture mais d'y «entrer», de la «vivre», en ayant conscience de toute ses dimensions : mentale, physique et spirituelle. Entrer

dans la posture, y rester puis la quitter sont l'équivalent des trois étapes de l'existence: la création, l'entretien et la destruction, symbolisé par le Trimurti.

Rappelez-vous que « asana » signifie « assise », ce qui sous-entend être stable et confortable. On y met une certaine dose d'énergie afin de maîtriser la posture, afin de ne pas être avachi. L'assise n'est pas une posture faite en force mais une posture ferme et relâchée en même temps.
Dans les Sutras, Patanjali dit que lorsque nous sommes dans une asana (posture), l'équilibre entre stabilité et confort, ou stabilité et Grâce est considéré comme l'expérience primordiale.
Pourquoi ? Et bien parce que si la posture est confortable et stable, elle peut être tenue. Une posture tenue n'est plus quelque chose que l'on fait mais quelque chose que l'on est devenu. Ce n'est plus une posture, c'est une attitude.

Effets
Les asanas sont en partie un exercice physique. Mais plutôt que de faire un travail sur le corps, on fait un travail **avec** lui comme outil. Car, par l'intermédiaire de la pratique physique, on éduque son esprit et on façonne les couches plus profondes de notre être.

Notre corps physique est soutenu par une source d'énergie sous-jacente, appelée le corps pranique (ou subtil), qui lui-même est configuré par les énergies mentales, qui ont leur source dans la pure conscience. Le corps est à la fois une expression de la conscience pure, un moyen de l'expérimenter et un moyen de la connaître. En fait, le corps n'est que la forme la plus visible de la conscience pure. Il est le creuset où se produit la transformation.

Les différentes couches de notre personnalité sont façonnées par des pulsions instinctives (l'instinct de conservation, la faim, le sommeil et le sexe) et par des forces ancrées en nous, résultat de notre histoire personnelle : nos habitudes et nos penchants inconscients. Ce mélange définit en grande partie notre perception de nous-mêmes et du monde.
L'objectif de la pratique des postures de yoga est de maîtriser et transformer ces forces intérieures afin de nous permettre de nous connecter à une dimension plus pure de nous-même et de reconnaitre notre part divine.
En éveillant et en réorganisant notre vie intérieure, le yoga nous donne la possibilité d'être indépendant et de nous libérer de nos nœuds psychiques.
De sa pratique répétée (sous toutes ses formes) découle une prise de conscience par la connaissance du fonctionnement de notre inconscient et de ses influences sur nos vie, notre perception, nos réactions. Notre perception de nous-même, des autres et du monde dans lequel nous vivons, change. Elle n'est plus colorée par nos filtres personnels.
Grâce à cette nouvelle perception nous pouvons restructurer progressivement notre façon de vivre, choisir en toute conscience notre manière de gérer ou de répondre aux diverses situations de la vie.
Notre discernement renforcé nous offre la liberté d'agir au lieu de ré-agir car l'inconscient devient conscient et rien n'est ré-action mais tout est action consciente. Nous pouvons, enfin, devenir

véritablement responsables de nos vies, de notre destin.
C'est un processus actif continuel qui nécessite de la persévérance et une pratique constante.

Les deux piliers des asanas
L'asana repose sur deux piliers : *Sthira Sukha* - la stabilité et la détente. **La posture parfaite n'existe pas**, même s'il y a des alignements sécuritaires qui favorisent la circulation de l'énergie. Le yoga se prête à l'écoute de ce qui se passe en nous. Une fois la posture alignée, il vaut mieux se laisser porter par l'asana, pour devenir de plus en plus concentré sur l'expérience, que de chercher absolument une pseudo forme parfaite.

Le but ultime du yoga est la réalisation de soi, qui est un changement radical de notre conscience, passant de notre identification avec le corps et l'esprit à un état naturel de pure conscience détachée du corps et de l'esprit.

Asana et psychisme
Dans ce livre je vous répète sans cesse que les postures de yoga (asanas) ne sont pas de simples exercices physiques, qu'elles vont bien au-delà. Dans ce chapitre nous abordons leur côté psycho-émotionnel.

Le corps étant le véhicule de l'âme il est important de l'entretenir car travailler l'esprit sans travailler le corps peut se révéler infructueux. Avoir un but et vouloir s'y rendre est louable mais comment pourriez-vous le faire si votre moyen de transport n'était pas en bon état ? Le corps est le moyen de transport qu'à l'âme pour voyager dans cette immense étendue qu'est la vie.

Le corps représente également notre nature animale (instincts, désirs, besoins) en opposition à notre nature divine. Il faut d'abord reconnaître son importance puis le reconnaître pour ce qu'il est, un véhicule, et ensuite le maîtriser. Tout cela demande du travail, de la volonté et de la persévérance. Ce travail nous permet de prendre conscience du pouvoir qu'ont nos instincts, nos désirs et nos besoins sur nos vies. Il nous permet de comprendre combien ils nous limitent. Grâce à notre nouveau rapport avec notre corps nous pouvons développer une nouvelle relation avec notre nature animale car une fois domptée celle-ci peut être source de miracles. Notre instinct devient intuition, nos besoins et nos désirs non assouvis ne sont plus source de souffrance.

Le corps est, aussi, le reflet de notre inconscient. En apprenant à le connaître, à comprendre son fonctionnement, on développe la maîtrise d'une part inconsciente de notre être. L'important c'est de coopérer avec lui, au-lieu de vouloir le diriger. L'important, c'est d'entrer en relation avec cette part d'inconscient, d'entrer en communion avec elle afin de trouver le juste équilibre.

Lorsque vous faites une pose pour la première fois et que vous n'y arrivez pas, vous faites l'expérience de vos limites, vous découvrez votre manière d'appréhender l'échec, vous réalisez quelle est votre relation avec vous-même. Avec le temps et la pratique vous abordez les poses différemment, avec moins d'attente, plus de curiosité. Dépasser certaines de ces limites ou gérer certaines de nos réactions inconsciente c'est dépasser notre nature animale. Reconnaître les limitations du corps, sa plasticité c'est reconnaître les limites que nous impose notre nature animale et le monde physique mais aussi prendre conscience de notre possibilité à évoluer, à changer, à surpasser cette dimension.

On peut très bien pratiquer les « asanas » de manière méditative, c'est d'ailleurs ce qui est conseillé par Patanjali dans les « Soutras ». Chaque posture est comme un livre dans lequel le pratiquant peut trouver matière à progresser, chaque posture est le symbole d'un potentiel qui se trouve en chacun de nous et de ce fait chacune d'elles nous y donne accès. Chaque posture de yoga est une opportunité de découvertes pour ceux et celles qui veulent bien regarder au-delà des apparences.

Le corps est un chemin vers l'esprit, l'esprit est un chemin vers l'âme et l'âme est un chemin vers le Tout.

Conditionnement & Déconditionnement

Lorsque nous adoptons une posture – debout, assis ou couché – le corps recherche continuellement le confort. Pour que vous puissiez faire l'expérience de ce mécanisme, je vous invite à faire un simple exercice :

> Laissez votre lecture pour un instant. Restez totalement immobile pendant 10 minutes et observez-vous. Remarquez comme il peut être difficile de rester immobile, comme l'inconfort s'installe, comme votre corps et votre esprit semblent ne pas être à l'aise dans l'immobilité.

En effet, au bout de quelques secondes ou minutes, le corps aspire à modifier sa position dans l'espace, il aspire au changement, aussi infime soit-il. Ce comportement a pour seul but de soulager la gêne ressentie. Celle-ci peut aller de la simple sensation de picotement à une gêne intense, parfois même à la douleur. Quelle que soit l'intensité de la sensation, l'impulsion de l'organisme vise à réajuster sa posture afin retrouver le bien-être. Mais pourquoi ?

Le corps, en vue de préserver sa survie, est programmé à réagir instantanément en cas de danger. Son instinct le pousse soit à combattre, soit à fuir, en tous les cas à agir, à faire quelque chose.

Du coup, même si aucun danger n'est à l'horizon, restez immobile est traduit comme dangereux pour le corps. Et il réagit à cette sensation.

De plus, le psychisme humain étant soucieux de sa propre satisfaction, nous nous préservons de toute situation ou sensation désagréable qu'elle soit d'ordre physique, émotionnelle ou psychologique. Éviter, contourner, alléger la souffrance à tous les niveaux de notre être est une réaction naturelle même si la réaction ne traite pas les causes de cette situation douloureuse. Et ces causes relèvent souvent des modalités propres au conditionnement humain.

C'est pourquoi, quel que soit le « style » pratiqué, ne perdons pas de vue l'essence même du yoga. Sa discipline n'est pas un outil pour échapper à la misère du monde et aux souffrances personnelles. Elle décrit l'homme dans sa réalité conditionnée et propose des moyens de parvenir à maîtriser les forces qui nous enchaînent à l'alternance continue des plaisirs et des peines, des désirs et des aversions, des manifestations du bien-être et du mal-être. Ainsi, pratiquer les asanas dans leur dimension plénière, nous aide à découvrir et comprendre les aspects de notre être dont nous n'étions pas ou peu conscients. Car pour le yoga, prendre conscience de nos mécanismes inconscients pour ensuite les dépasser, nous permet de reconnaître notre véritable nature, de dépasser notre part animale puis notre part humaine pour nous unir à notre part divine.

PRATIQUE
« La sagesse se trouve dans la pratique. »
Hatha Yoga Pradipika, chap. I, 17

La sagesse des postures
Comme je l'ai expliqué au début de ce livre, le yoga est un état d'être. Cet état d'être est le résultat d'une interaction subtile entre le corps, nos pensées et nos émotions.

Nos pensées et nos émotions sont d'ailleurs des «courants» psychiques. Elles ne sont autres que des impulsions électriques et des flux chimiques qui influencent grandement nos choix et nos actions. Vous avez, vous-même, très certainement, remarqué que lorsque votre état d'esprit est morose vous avez moins d'énergie, que certaines émotions vous donnent des ailes, vous motivent et que d'autres vous freinent, vous retiennent. Les états d'esprits sont influencés par nos pensées et par nos émotions. Un état d'esprit bas est comme un pneu crevé (un sentiment, une émotion, ayant joué le rôle de l'aiguille qui a percé le pneu). Et un véhicule avec des pneus crevé n'est pas très efficace. Nos états d'esprit sont des outils indispensables pour la concrétisation de nos désirs.

Que se passerait-il si vous utilisiez un tournevis au lieu d'un fouet pour faire monter une chantilly ? Pas grand-chose n'est-ce pas ? Et bien il en va de même des états d'esprit. Pouvoir choisir et avoir, dans la vie, le bon état d'esprit au bon moment est un atout indéniable car cela signifie avoir l'énergie adaptée à nos besoins au moment voulu. Tout comme le fait de choisir une énergie inadaptée ou ne pas utiliser l'énergie adaptée au bon moment peut nous faire rater l'occasion de réussir.

La plupart d'entre nous ne sommes pas conscient de notre potentiel, de ces forces qui se trouvent en nous. Nous les découvrons bien souvent dans des circonstances inattendues et de manière involontaire lorsque la vie semble nous mettre à l'épreuve. La pratique des postures de Yoga (asanas) permet dans un premier temps d'entrer en contact avec ces forces et de prendre conscience qu'elles sont bien présentes en nous.

Les asanas sont des possibilités qui nous sont offertes, de vivre, durant leur pratique, des états intérieurs qui nous sont inconnus afin de pouvoir les utiliser dans notre vie quotidienne. Les asanas peuvent révéler: la force, la tranquillité, la sagesse, le calme, la féminité, la concentration…. Tant de "poses" très utiles dans notre vie de tous les jours.

Chaque posture de yoga représente une force psychique que chacun de nous peut développer et utiliser. Notre cerveau ne différencie pas l'imaginaire de la réalité. Voyez plutôt: imaginez avoir un citron devant vous. Voyez sa jolie couleur, prenez le en main, sentez sa peau, son poids, amenez le vers vos narines et sentez son odeur. Maintenant imaginez prendre un couteau et coupez le en deux, le jus en sort… posez votre langue sur sa pulpe… la salive augmente dans votre bouche et pourtant ce n'était qu'une visualisation pas la réalité….

Vous comprendrez maintenant que lorsque vous entrez totalement en connexion avec une pose de yoga vous mimez finalement l'état d'esprit qu'elle représente car chaque asana est une représentation d'un état d'être. C'est là que vient la nécessité de comprendre le sens caché de chaque posture. En tant que professeur de yoga il est donc très important de guider vos élèves autant sur le plan psychique, émotionnel et mental que sur le plan physique.

Les trois plans
Les postures s'exécutent sur 3 plans :

Coucher – La pause, l'incubation. C'est un plan passager. Beaucoup de postures couchées sont aussi pratiquées debout. Elles sont plus faciles. Le poids du corps est abandonné au sol, pas besoin de penser à l'équilibre ou bien d'avoir la force physique que demande la position debout. Elles permettent une meilleur appréhension de l'alignement de la posture grâce aux points de contact avec le sol qui nous renvoient des sensations et donc des informations sur comment nous nous situons dans l'espace.

Assis – La disponibilité dans l'immobilité. C'est l'équilibre entre l'être et le faire. C'est ainsi que l'on médite, en général. Il y a l'idée d'un état durable dans le temps. Lorsque l'on est assis, on se repose sur le sol et en même temps on tient sa posture. Un mélange entre faire et laisser faire.

Assis les jambes croisées. Le dos droit, du coccyx au sommet du crâne. Ici le centre est au milieu du torse, au milieu de la poitrine. On se concentre sur l'Etre. Les jambes qui d'habitude nous soutiennent sont croisées, comme pour nous rappeler que dans cette posture nous sommes avec nous-mêmes aujourd'hui (nos bases ne doivent pas nous influencer). Les bras, qui sont l'un des moyens d'entrer en contact avec le monde extérieur, peuvent être actifs ou inactifs, dépendant de la posture. Nous laissons la place au « cœur » et à l'esprit.

Debout – la médiation. Etre debout demande un ajustement subtil et incessant de la posture pour garder l'équilibre. Notre verticalité nous met en position de médiation entre la Terre et le Ciel. Un peu comme une montagne dont la région du cœur représente une caverne où se rencontrent ses énergies.

Les cinq groupes
La pratique des postures de yoga a une incidence indéniable sur notre corps mais elle a aussi une incidence sur notre psychisme même si nous en avons moins conscience. Chaque asana agit de manière différente et il peut être bon d'avoir une idée générale de leur influence sur notre psychisme tout en gardant à l'esprit que nous ne réagissons pas tous de la même manière.

On peut classer les asanas en cinq groupes:

Les flexions arrière
Les flexions avant
Les postures de torsions
Les postures d'équilibre

Les postures inversées

L'analyse de la manière d'aborder et de se tenir dans une posture faite au prisme de la symbolique du corps, nous permet de comprendre les effets psycho-émotionnel de chaque groupe de postures.

Les flexions arrière

Que se passe-t-il au niveau du corps-symbole (p.47)? Les membres inférieurs sont bien ancrés dans le sol. C'est la poitrine que l'on ouvre, pas le dos que l'on cambre. La tête bascule légèrement vers l'arrière. Les bras sont en général dans le prolongement du torse. Nous ouvrons notre cage thoracique, notre caisse de résonnance. Nous donnons étirons nos organes de digestion vers le haut.
Le torse, creuset dans lequel sont mijotés ou macèrent nos états internes, le moi intérieur, le noyau de l'identité, est mis en avant.

On peut donc en conclure que les flexions arrière sont actives et extraverties. Elles sont une ouverture vers le monde extérieur. Elles encouragent la respiration, sont liées au sentiment d'amour de la vie et de confiance, en soi et aux autres.
Dans ses postures on s'oppose à l'attraction terrestre. On passe d'un état passif à un état actif, d'un état inconscient à un état de conscience, de prise de responsabilité. On s'ouvre, on ose, on se montre.

Une personne ayant des difficultés à faire cette posture a probablement des difficultés à faire face à la vie, aux autres et à s'ouvrir. Elle est, très certainement, repliée sur elle-même. Introvertie, elle ne se livre pas facilement et a du mal à recevoir autant qu'à donner. Ce peut être une personne dont le cœur a été brisé ou quelqu'un de timide qui aura une tendance naturelle à amener ses épaules vers l'avant, protégeant ainsi son cœur. Quelqu'un qui aura été taquiné à l'école a de grande chance de faire partie de ces personnes.

Mais il y a aussi celles qui en font trop. Leur flexions arrières se fait plus au niveau de la taille que de la poitrine, elles veulent donner l'apparence de confiance mais en réalité ne l'on pas. Ce n'est pas le cœur qui s'ouvre mais la région du ventre. Autant la région du cœur représente, les sentiments, autant la région du ventre représente les émotions. Se trouvant dans la partie inférieure du corps, cette région n'est pas consciente, elle participe de nos instincts. On comprend, donc, que les personnes qui réalisent les flexions arrière de cette manière, ne sont pas dans l'ouverture du cœur. Leur attitude est hautaine puisqu'elle n'est pas basée sur une réelle assurance mais sur de la compétition, du défi souvent dus à un manque de confiance en soi.

Les personnes sûres d'elles, ayant véritablement confiance en la vie, auront des facilités quant à la juste exécution de ces asanas.

Les flexions avant

L'avant du corps symbolise le conscient et c'est celui que l'on va fermer en exposant l'inconscient (le dos). On se repli sur soi, on amène le torse (notre noyau) en contact avec nos membres inférieurs (nos racines).

On ne voit plus ce qui se passe autour de nous. Les flexions avant nous obligent à un repli sur soi, elles nous demandent de lâcher prise sans quoi elles sont inconfortables. Ce sont des postures passives. Elles utilisent l'attraction terrestre. Elles sont, aussi, des postures introspectives. En général, les flexions avant sont connues pour leur effet réconfortant même si, chez certaines personnes, elles peuvent faire remonter des craintes.

Durant leur pratique, il y a une compression de la poitrine et une mise en avant de l'expiration qui favorise la relaxation. Elles sont liées à l'humilité, la capacité de se courber.

La difficulté d'une personne à exécuter ces postures peut être un indice de rigidité, de fierté. Ce sont des personnes ayant tendance à ne regarder que vers l'avant, leur vision est donc limitée. Elles ont besoin de voir, de contrôler et ne sont pas très introspectives.

Ce qui est intéressant de noter est la manière dont chaque pratiquant exécute les flexions avant. La plupart des gens plongent tête la première alors que la flexion devrait se faire à partir de la hanche. Car lorsque c'est la tête qui guide, le dos aura tendance à se courber et ne pourra pas rester aligné. De plus, les épaules viendront probablement se fermer vers l'avant, ne permettant pas à la poitrine de rester ouverte.

Lorsque cela se produit, nous sommes face à une personne qui a du mal à s'accepter. Elle peut penser qu'elle doit changer, pas dans le sens de maîtriser ses défauts et qualités mais véritablement dans le sens de modifier complétement la donne (ce qui n'est pas

réaliste). Elles ont besoin de se conformer pour être acceptées. Cela crée, souvent, une tendance au perfectionnisme. Du coup, elles ont du mal à accepter de voir leurs propres limites et les considèrent comme un défaut.
A l'opposé, une très grande souplesse n'est pas plus, synonyme d'équilibre psychique. Ainsi, le corps des personnes très souples, nous indique qu'il y a une difficulté à poser les limites. Parfois, il y a de l'inconstance ou une difficulté à prendre position. Ce sont aussi des personnes ayant besoin d'être acceptée, appréciées. Leur souplesse leur permet de s'adapter mais en même temps lorsqu'elle est exagérée, ne leur donne pas assez de consistance.

Un psychisme équilibré est un psychisme ferme et souple à la fois.

Les torsions

Elles nous font regarder en arrière. Certains d'entre nous aiment vérifier ce qu'il y a derrière eux, d'autres vivent dans une peur constante d'être attaqués par surprise. La posture sera donc confortable pour les uns et ne le sera pas pour les autres.
Les postures de torsions nous permettent de nous revenir sur le passé, de réfléchir, de reconnaître certains problèmes, d'oser les regarder, prendre conscience que c'est du passé et de laisser aller pour nous concentrer sur les solutions, aller de l'avant. Elles nous aident à faire face aux problèmes et aux obstacles auxquels nous sommes tous confrontés. Regarder en arrière c'est aussi regarder ce que l'on ne veut pas voir, en général, ce que l'on a simplement dénié.

Ces postures nous permettent de reconnaître que les rebondissements de nos vies nous ont permis d'être plus fort, on les regardent avec du recul et prend conscience qu'ils nous ont apporté quelque chose et cela nous donne confiance et énergie. Cela nous permet d'affronter ceux que nous vivons au moment présent, en nous appuyant sur l'expérience passée, qu'elle soit positive ou négative.

Les postures d'équilibre

Ces postures nous offrent l'occasion de travailler notre équilibre physique mais aussi mental et émotionnel. Elles demandent de la concentration et de la stabilité, qualités développées à force de pratique. Elles participent à l'équilibre du système nerveux et réduisent le stress et l'angoisse.

Ce sont les positions les plus affectées par les émotions. Si nous ne nous sentons pas équilibrés en esprit, il est très difficile de trouver l'équilibre dans l'une de ces poses. Elles ont l'avantage d'apporter calme, clarté et équilibre à l'esprit et au corps.

Il y a des jours avec et des jours sans. Observez-vous lorsque vous entrez dans une posture d'équilibre. Il y a la préparation, l'entrée puis l'expérience de la posture elle-même.
A quel moment perdez-vous l'équilibre quand vous le perdez ?
Certains bâclent la préparation, entrent dans la pose à toute vitesse. D'autres bâclent l'expérience, une fois dans la pose ils se laissent emporter par leurs pensées, ne restent pas connectés.

Il est plus important que jamais, dans les postures d'équilibre, d'être « présent » à chacun des stades de la pose. Vous êtes l'axe central, vous êtes immobile à l'intérieur mais sans rigidité, concentrés sur l'axe. C'est à cette part immobile en nous que nous nous connectons durant la pratique des postures d'équilibre.

Lorsque nous perdons l'équilibre, il est intéressant d'observer notre manière de réagir car cela nous permet de comprendre un peu mieux notre fonctionnement psychique face à ce que nous avons tendance à prendre pour des échecs dans nos vies. Certaines personnes vont simplement recommencer, sans même s'en vouloir de ne pas avoir gardé l'équilibre, d'autres vont s'énerver. Les uns vont essayer de comprendre ce qui s'est passé et faire les modifications nécessaires, les autres s'arrêteront tout simplement et ne se donneront pas de deuxième chance. La leçon ici est de ne pas se laisser emporter par ses émotions, de savoir rester au centre sans se critiquer et en persévérant. On peut aussi utiliser des aides (chaise, mur…). Remarquez les pensées qui traversent votre esprit dans ce cas et faites le nécessaire pour vous aider.

Les postures inversées

Les inversions bouleversent notre vision du monde. Dans ces posture on se retrouve la tête en bas et les pieds en haut. A un niveau mental et psychique, elles renversent totalement notre perception. Elles nous permettent donc de voir les choses sous un angle totalement différent. Le simple fait de pouvoir rester dans cette posture augmente la confiance en soi. Elle nous permettre de nous sentir plus fort, plus sûr de nous, aident à purifier l'esprit et à apporter paix et calme.

Dans ces postures la frontière entre le physiologique et le mental devient flou car le corps et le cerveau se retrouvent dans une situation à laquelle ils n'ont pas été préparés.

Les inversions éveillent des craintes et anxiétés enfouies au plus profond de nous qui sont souvent le seul obstacle à la réussite de ces postures. Elles sont pour nous une chance de dépasser des à priori, de nous défaire d'une image négative, d'accepter l'échec et de comprendre que la force seule ne suffit pas.

Asana - Outil de développement personnel

Notre corps n'est pas juste une enveloppe inerte et silencieuse comme on aurait tendance à le croire. Notre corps vit sa vie. Nos muscles ont leur propre mémoire, la mémoire musculaire, complétement indépendante de notre cerveau.
Notre corps prend la forme de notre esprit et notre esprit peut être freiné, entravé par lui.

> Imaginez une personne qui durant des années a grandi dans la peur d'être battu. Chaque fois qu'elle était en contact avec la personne représentant un danger, son corps s'est fermé dans une posture de protection. Inconsciemment le souhait de ne pas être vu afin de ne pas être battu circule dans le corps et le fait se refermer sur lui-même. Les muscles se crispent. Les épaules se ferment, la tête se baisse, la poitrine s'enfonce. Lorsque cela se produit régulièrement pendant une période de temps assez longue, les muscles s'habituent à cette posture et se figent dans cette attitude. Le corps garde cette forme défensive dans toutes les circonstances de la vie même celles où il pourrait s'ouvrir. La personne, non consciente de ce qui se produit, n'est plus en état d'ouverture et ne peut donc plus recevoir ce que la vie à de positif à lui apporter et le cercle vicieux s'installe.
> Puis vient une période de sa vie où cette personne va vouloir déclencher un changement, elle va probablement voir un psychologue, un

> psychothérapeute mais malgré cette aide quelque chose ne semble pas vouloir se débloquer.
> L'esprit a compris mais le corps n'a pas changé, il est figé dans le passé. La posture du corps semble dire à l'esprit que la situation est la même et que, donc, il ne peut mettre en application les nouvelles assomptions.

Comme vous le constatez, notre corps peut nous en apprendre beaucoup sur notre monde intérieur. Notre ouverture aux diverses expériences vécues, durant la pratique des asanas peut nous permettre de mettre à jour notre programmation inconsciente et, si on le souhaite, d'en modifier les codages. En voici quelques exemples :

Les limites
Les limites sont souvent vécues comme négatives pourtant elles ne sont pas ce qui nous empêchent de progresser mais ce qui nous permet de savoir où nous nous trouvons, comment nous nous définissons et à quoi nous ressemblons, si j'ose dire.
Une pièce est une pièce grâce aux murs qui la définissent. S'il n'y avait pas de murs, il n'y aurait pas de pièce mais juste l'espace.
Le corps et ses limites sont comme les murs d'une pièce. En en faisant l'expérience, il nous est plus facile de définir les contours de notre « être ».

Les limites nous permettent d'entrevoir notre « forme ». Elles nous parlent, nous montrent

qui nous sommes au moment précis où nous les ressentons. Elles ne sont pas fixes mais évoluent avec nous.
Les limites peuvent être repoussées, dépassées et transformées. Tout comme les délimitations d'une maison et de ses pièces, celles de notre corps et de notre esprit, peuvent être modifiées selon notre bon gré.
Les limites nous permettent, également, de mettre en évidence notre « zone de confort », elles délimitent le territoire psychique dans lequel nous évoluons consciemment ou non, ainsi que notre manière de l'habiter, de l'utiliser.

Au-delà de ce territoire, se trouve l'inconnu, et donc, quelque chose à découvrir, à apprendre.

Le premier pas de l'évolution personnelle est la connaissance de soi, le second est l'acceptation et le troisième la gestion. On comprend donc, combien il est important, pour celui qui veut progresser, de reconnaître et d'accepter ses limites. C'est uniquement ainsi, qu'il pourra les dépasser avec sagesse. Car apprendre à connaitre et reconnaitre nos limites revient à apprendre et à accepter qui nous sommes et où nous nous trouvons, sur notre chemin personnel. Cette connaissance nous permet d'agencer et d'utiliser au mieux l'espace réservé à notre « âme ».
Et c'est là toute la magie de l'enseignement du yoga.

La répétition et le maintien
Si l'on souhaite voir une posture, qu'elle soit psychique, émotionnelle ou mentale, devenir une attitude, il faudra la répéter et être capable de la tenir. Cette répétition et ce maintien demande de la concentration, de la volonté mais aussi de la souplesse.
C'est ainsi que l'on peut remplacer une posture par une autre, et remplacer une habitude par une autre, en adoptant et en s'en tenant à la nouvelle. La tenir c'est prendre le temps de la vivre et d'en comprendre les réels effets. C'est la laisser s'installer en nous, jusqu'à ce que nous n'ayons plus d'effort à faire, jusqu'à ce qu'elle nous soit naturelle.

Chaque posture nous aide à préparer notre progression, chaque posture peut devenir le terrain d'expérience qui nous prépare à la suivante. Ainsi aucune posture n'est un but en soi, chacune d'elle n'est que découverte, préparation.

La résistance
Les limites et les résistances se ressemblent mais ne sont pas identiques. Si je reprends l'exemple des murs qui séparent les pièces d'une maison, les résistances seraient une porte mal huilée qui ne s'ouvre pas, des volets qui ne se ferment pas…

Dans chacune des postures de yoga il y a un point de résistance. Par exemple lorsque l'on est allongé, que l'on tend une jambe vers le sol et l'autre vers le plafond. Dépendant de votre souplesse, vous tiendrez le gros orteil ou vos mains seront placées derrière le genou ou le mollet. Si vous tirez votre jambe vers vous en exerçant une pression de la jambe vers la main pendant un cours délai, en résistant, les muscles, au moment où vous relâcherez un peu votre prise, se détendront plus profondément.

Dans les postures d'équilibre cette résistance vous permet de vous ancrez d'avantage et d'avoir plus de stabilité. Dans la posture de l'arbre Vrksasana, la plante du pied appuyant sur l'intérieur de la cuisse et la cuisse résistant à cette pression, permettent un meilleur ancrage, enracinement. Dans les postures debout, lorsque nous pressons les pieds fermement vers le sol nous résistons à la gravité et gagnons en légèreté, aidant l'énergie à monter.

Chaque résistance ainsi que notre manière d'y réagir, est une occasion de mieux nous connaître. On comprend physiquement ce qui est parfois difficile à concevoir mentalement, comme le fait que la résistance peut être un bien. Car, la résistance d'une région du corps, provoque l'ouverture d'une autre et donc la libération de cet endroit.
La résistance est plus souvent mentale que physique. La résistance apparait avec la peur. Peur de mal faire, peur de tomber, de se faire mal.

L'expérience
Chaque posture a 3 étapes. L'entrée, l'assise ou l'expérience et la sortie. On a tendance à croire que l'asana est la posture une fois complétée et c'est justement là que se trouve la différence avec une

simple pratique physique. Dans sa forme spirituelle, la pratique de l'asana va attacher autant d'importance au début, au milieu et à la fin car comme je l'ai dit plus haut, entrer dans la posture, y rester puis la quitter sont l'équivalent des trois étapes de l'existence: la création, l'entretien et la destruction, symbolisé par le Trimurti.
Voyons ces différentes étapes une à une.

Entrée

Les gens ont tendance à se focaliser sur la tenue de la posture et l'entrée est souvent vite faite. Pourtant l'entrée équivaut à une préparation et elle est aussi importante que la posture elle-même. Sans une juste préparation il est très difficile de trouver l'alignement. Une entrée bâclée a pour résultat la nécessité de corriger sa posture, ce qui conduit le pratiquant a une perte d'énergie, de temps et d'attention. (Analogie dans la vie). C'est un peu comme si vous ne révisiez pas suffisamment avant un examen, vos chances de l'obtenir du premier coup seront plus minces, durant l'examen vous aurez plus de stress et vous risquez de vous retrouver à devoir passer le rattrapage, ce qui signifie de nouvelles révisions.

Entrer dans une posture de yoga c'est se préparer. La préparation est très importante dans tout ce que nous faisons, si elle n'est pas faite avec soin notre projet risque de tomber à l'eau. Imaginez ne pas prendre le temps de faire monter votre pâte à pain.

Il en va de même pour tout ce que nous faisons, disons…. Bien sûr il semble impossible d'être conscient de cette étape dans tous les domaines de notre vie et pourtant la pleine conscience, la présence au moment présent a pour but d'atteindre cet état de perfection. Ce n'est pas pour rien qu'il faut de la discipline, de la distanciation, de la persévérance et qu'une vie ne suffit pas toujours.

Assise

Nous sommes maintenant dans la position recherchées, la posture. Idéalement, nous ne faisons plus rien, mis à part vivre l'expérience. L'esprit est calme et concentré. C'est le moment de ressentir, de se laisser aller à vivre l'expérience sans attente, sans crainte, sans jugement.

Sortie

On a souvent tendance à sortir d'une posture de yoga de manière mécanique, sans y prêter beaucoup d'attention. On n'est déjà plus présent alors que la présence est un principe de base de la pratique du yoga.

Même si les blessures sont rares, durant les séances de yoga, si elles surviennent, c'est dans la majorité des cas, au moment de la sortie d'une posture. Cela nous montre combien il est important d'être présent du début à la fin.

La sortie est comme l'entrée, elle fait partie de la pratique. Car en yoga rien n'est séparé tout est continuité. Il y a l'expérience dans la posture mais il y a aussi l'expérience de l'entrée ou de la sortie de la posture.

Sortir trop rapidement d'une asana c'est un peu comme ne pas attacher de valeur à ce que vous venez d'accomplir. C'est comme manger trop vite votre plat, ne pas écouter jusqu'au bout ce que quelqu'un a à vous dire ou encore écrire un texte sans conclusion. C'est attacher plus d'importance au Faire qu'à l'Être. C'est ne pas aller au bout des choses/

La sortie n'est pas la fin, c'est le processus de fin. Il se fait graduellement, comme le coucher du soleil. Et puis, ce processus et là pour nous rappeler que la fin est en réalité le début de quelque chose d'autre.

L'alignement
Vous entendez souvent dire, durant les cours de yoga, combien l'alignement est important.
Du point de vue physique l'alignement nous protège de tensions inutiles. Il facilite la circulation des énergies. Etant donné que chaque corps est différent, l'alignement ne sera pas le même pour tous. Il demande d'être à l'écoute de son corps. Dans certaines postures si j'ai des genoux qui ont tendance à être tourner vers l'intérieur, je ne placerais pas mes pieds selon les mêmes alignements que la personne dont les genoux vont vers l'extérieur ou celle qui les a droit.

D'un point de vue psychique, s'aligner, c'est créer une posture en accord avec nous-même. C'est trouver l'équilibre entre le cœur et l'esprit. C'est ne dire les choses que si on les ressent et qu'on sait pouvoir faire. C'est ce que l'on appelle la congruence (alignement et cohérence entre nos pensées, nos ressentis, nos paroles et nos actions.).

D'un point de vue spirituel, s'aligner, c'est un peu comme chercher une station de radio manuellement pour la trouver et enfin être connecté.
Car, finalement, nous sommes tous des récepteurs-émetteurs, et nous avons besoin d'être réglés sur la bonne fréquence autant pour recevoir que pour donner. C'est aussi ça l'alignement.

Etirements et contractions
Durant les exercices physiques il y a toujours ce double travail des groupes musculaires. Ce sont les deux côtés d'une même pièce. L'un ne peut exister sans l'autre.

Chaque posture est faite de contractions et d'étirements. Lorsque nous nous penchons du côté droit, les muscles du côté droit se contractent et les muscles du côté gauche s'étirent. Les deux sont nécessaires car si les muscles du côté gauche ne s'étirent pas suffisamment, les muscles du côté droit ne peuvent pas se contracter.

Etirements

D'un point de vue psychique, l'étirement est impératif. La peur, l'excitation, contractent nos muscles. Les étirements nous aident à nous défaire de nos attentes ou de nos craintes. Plus nous restons attachés au résultat (à nos attentes) plus nos muscles resteront contractés et ne pourront donc pas se relâcher pour nous permettre l'état réceptif optimal. Durant l'étirement, l'attention portée sur l'expiration peut être très utile car elle nous rappelle le lâcher-prise nécessaire pour dépasser un blocage, une limitation. On souffle plus longuement, on laisse aller, on se met dans un état de réceptivité.
Les étirements qui sont liés à l'expiration et symbolisent le lâcher-prise. Ils permettent de s'ouvrir, de laisser entrer et sortir, de rayonner.

Contractions

Comme nous l'avons vu plus haut, les contractions sont nécessaires à l'étirement. Elles sont plus importantes dans les postures solaires.
Les contractions sont liées à l'inspiration et symbolisent la force, la volonté. Durant la contraction on gardera plutôt l'attention sur l'inspiration.
Les contactions sont tout aussi indispensables à notre équilibre que les étirements. Rappelons-nous qu'en yoga tout est un, rien n'est bon ou mauvais, tout est indispensable.
Les contractions permettent de rassembler, de concentrer.

En règle générale, il est bon de trouver cet équilibre entre le lâcher-prise et la volonté consciente. Tout le sens de la pratique du yoga n'est-il pas basé sur l'union de deux énergies, opposées par nature, mais que l'on arrive, avec l'effort à faire coopérer ?
Dans toutes postures ces deux opposés sont présents à des degrés différents. A nous de les équilibrer du mieux possible pour qu'elles soient stables et confortables à la fois.

Le juste effort
Durant les séances de yoga on retrouve trois types de participants. Ceux qui forcent leur corps, ceux qui ne se forcent pas du tout et ceux qui naviguent entre les deux.
Les premiers, ceux qui forcent leur corps, entrent en force dans les postures, poussent exagérément leurs limites. Finalement, ils se battent avec leur corps. Ils semblent lui dire combien ils ne sont pas satisfaits de lui. Pour améliorer une posture, ils croient devoir utiliser la force et se retrouvent à consommer une énergie inouïe.
Leurs muscles, leurs articulations, sont tendus, l'énergie s'accumule, sa qualité change, elle devient pour ainsi dire « solide ».
Ils semblent être en compétition, avec eux-mêmes, avec leur corps, avec l'idéal qu'ils ont forgé dans leur tête, la plupart du temps, inconsciemment.
Ils donnent l'impression de chercher à prouver quelque chose. Mais à qui ? A eux, aux autres, aux deux ? Le problème c'est qu'en se faisant violence on perd plus qu'on ne gagne.

Imaginez un mariage forcé. Imaginez-vous entrain de forcer une personne à s'unir à vous. Comment sera votre relation ? Comment espérer apprécier et être apprécié, lorsqu'on force ? Est-ce un acte d'amour ou d'égoïsme ? Voilà ce que vous faites lorsque vous forcez les postures, les respirations, les méditations.

Faire un effort ne veut pourtant pas dire se « faire violence ». Faire un effort c'est agir de façon consciente, en général, pour progresser. Oui, faire un effort demande de la discipline mais la discipline ce n'est pas forcer, c'est faire avec régularité, persistance. Oui, faire un effort c'est dépasser sa nature, mais si votre nature est de vous faire violence, peut-être que vous devriez faire l'effort de ne pas forcer.

Car, pour pouvoir faire le juste effort, il est important, avant tout, de reconnaître, accepter et apprécier : qui nous sommes, où nous nous trouvons, ce que nous avons afin de savoir quel est l'effort que nous avons à fournir.

Et puis, il y a ceux qui ne font pas suffisamment d'effort. Ils se posent là sans conviction, ils jouent le jeu, sans plus. Ces personnes ne voient peut-être pas de raison de faire un effort, de se dépasser, ils sont, peut-être, fatalistes.
A quoi bon ? Se disent-ils. Ils ont peut-être vécu la déception dans le passé. Ils ont déjà fait des efforts qui n'ont pas rapporté leurs fruits.
Ici il s'agit de retrouver le goût d'agir, de choisir. Il faut comprendre que les efforts que l'on fait ne sont

pas pour obtenir quelque chose des autres mais qu'ils sont fournis pour soi. Que se dépasser ne veut pas dire changer mais plutôt modeler ce que l'on a, qui l'on est, pour l'optimiser.

Nous le répétons tout au long de ce livre, le yoga est l'union de deux opposés. Alors, vous l'aurez compris, l'équilibre se trouve entre les deux. Car la volonté peut briser une montagne pour frayer un chemin mais lorsqu'elle est trop puissante elle peut complètement détruire cette montagne.
Et celui qui n'utilise que cette force prend le risque de s'éreinter, de se blesser et de détruire ce qu'il a.
Le manque de volonté, quant à lui, ne nous amène nulle part, il nous fait rester au pied de la montagne.

L'indice du juste effort est la joie. Si l'on ressent de la joie dans ce que l'on fait c'est qu'on le fait bien, c'est que l'on est en accord avec nous-même.
La question qui se pose n'est donc pas de savoir si l'on a suffisamment de volonté pour faire ce que l'on veut faire mais plutôt comment le faire pour ressentir de la joie tout en le faisant.

Le dépassement
On a tendance à croire qu'il faut dépasser ses limites alors qu'en parallèle vous entendrez très souvent les professeurs vous dire qu'il ne faut pas forcer.
En réalité, on ne dépasse pas ses limites, on les repousse. En fait on crée de l'espace afin d'avoir un champ d'action plus large.

Si nos limites ont pris la forme d'un mur on peut commencer par y ouvrir une fenêtre. Si elles sont comme un fleuve qui nous divise, on peut commencer par construire un pont.

Physiquement chacun de nous est limité par les capacités de son corps. Une part de ce qui crée les limites physiques peut être modifiée même si une autre part ne peut pas l'être. Les tendons, par exemple, ne peuvent pas s'allonger indéfiniment, les os pas du tout. On apprend donc à se connaître et à s'accepter comme nous sommes afin de tirer le meilleur de qui nous sommes.
Pour reprendre l'exemple du gâteau, si vous désirez faire un dessert, vous allez d'abord vérifier quels sont les ingrédients à votre disposition, vous irez peut-être en acheter mais la confection du dessert dépendra en grande partie de ces ingrédients. Il est possible que vous ne puissiez pas tous les trouver. Déciderez-vous de ne pas du tout faire de dessert ou choisirez-vous d'en confectionner un autre avec ce que vous avez à votre disposition ?
C'est cela accepter qui nous sommes et travailler avec ce que nous avons.

Vivre au présent
En yoga, on demande au pratiquant de vivre le présent. Certains diront que cela signifie ne pas attacher d'importance au passé et au futur. Il arrive, même, que des gens s'en servent comme excuse afin de ne pas assumer leurs responsabilités.

En vérité si le présent est si important en yoga, c'est parce que les sages ont compris que le présent est le résultat de nos actes passés et que le futur est le résultat de nos actes présents.
Oui le passé est passé et le futur n'existe pas encore. Le seul instant sur lequel nous avons un tant soit peu de pouvoir est, donc, le présent. Car si nos actes présents influencent notre futur, vivre dans l'ici et maintenant nous permet de pouvoir agir en toute connaissance de cause et en toute responsabilité. Cela nous permet de maîtriser une partie de notre destin – souvenez-vous Moksha (libération suprême – p.).
On ne s'attache ni au passé ni au futur mais on cherche à vivre l'instant tel qu'il est, de manière consciente afin d'agir avec le plus de sagesse en vue de la libération.

Le présent est le seul instant qui existe vraiment. Il nous offre l'occasion d'apprendre, de comprendre les effets de nos actes passés. Il est, aussi, l'occasion de changer de direction si besoin est.
Vivre le moment présent c'est assumer nos actes passés, ces actes qui font de l'instant ce qu'il est.
Vivre le moment présent c'est choisir d'être conscient des conséquences de nos décisions sur le futur et avoir la possibilité de faire de meilleurs choix.
C'est aussi, accepter de laisser le passé au passé et choisir notre manière d'en appréhender les effets.
Vivre au présent c'est choisir d'être responsable de ce qui nous appartient : nos décisions et nos actes.

Le contrôle
Dans le mot contrôle il y a l'idée de pouvoir, d'autorité. Une traduction plus adéquate, à mes yeux, serait « gestion » ou encore, « coopération ».

Lorsque l'on pratique les techniques de « contrôle », comme celles de la respiration (Pranayama) ou des sens (Pratyahara), on s'unit d'abord à eux. On observe, on entre en contact avec cette part de nous-même qui est généralement inconsciente. Puis on travaille avec eux pour leur donner une direction, un rythme.
Nous ne sommes, donc, pas là pour dompter ou contrôler mais pour apprivoiser. Nous ne sommes pas là pour changer leur nature profonde mais pour la gérer.

Tout comme pour apprivoiser un animal sauvage, la confiance mutuelle et la connaissance sont la base de cette coopération. Lorsque l'on cherche le contrôle on est dans l'Ego, la domination. Et ce n'est pas là le but du Yoga.

Les transitions
Je trouve que l'on a tendance à trop souvent se concentrer uniquement sur la posture elle-même et à oublier d'être présent dans les instants de transition, lorsque l'on passe d'une posture à une autre.
Les transitions sont, pourtant, aussi importantes, si ce n'est plus, que les postures elles-mêmes. Il a été prouvé que, si des blessures surviennent durant la

pratique du Hatha Yoga, elles surviennent, pour la plupart, durant les transitions.
Pourquoi me direz-vous ? Et bien parce que l'attention n'est pas concentrée sur ce que l'on fait. Si vous construisiez une maison et que vous posiez les briques un peu n'importe comment votre maison ne serait pas très solide. Il en va de même pour les postures. Les transitions sont le moment où l'on pose les bases et si elles ne sont pas bien établies, la structure entière est en danger.
C'est un peu comme les révisions avant un examen, si l'étudiant a fait une préparation sérieuse il a plus de chances de passer l'examen sans tension et de le réussir. S'il n'a pas attaché d'importance à la période préparatoire, il se sentira moins sûr de lui et l'examen risque d'être plus difficile à passer.
Le simple fait de s'être bien préparé, d'avoir été présent durant la transition, permet à la posture de se mettre en place d'elle-même.

L'identification
Notre personnalité est le résultat de toutes les impressions qui se sont inscrites en nous. Celles-ci s'inscrivent dans notre subconscient, ce sont des impressions d'états d'être. Elles sont liées à nos mémoires et lorsqu'un évènement se produit dans nos vies, elles sont les références que nous utilisons inconsciemment pour trouver la "position idéale".

> *Imaginez que vous vous soyez fait mordre par un chien dans le passé, lorsque vous verrez un chien, votre première réaction sera la méfiance si ce n'est pas la peur. Comment cela se fait-il ? C'est votre cerveau qui en voyant le chien va chercher dans les mémoires (vrittis) passées si cette situation a déjà était rencontrée (c'est histoire d'économiser du temps, en effet pourquoi se prendre la tête à toujours chercher d'autres solutions quand il y en a de toutes prêtes, pense votre cerveau). Il va trouver cette mémoire de la morsure et va donc en conclure qu'il y a danger car il ne fait pas la différence entre le chien d'aujourd'hui et le chien du passé. Et vous voilà en train d'éviter l'animal autant que possible.*

Vous comprenez maintenant combien les impressions gravées dans votre esprit peuvent vous faire agir d'une manière particulière.

En prenant diverses postures durant une séance, nous entrons dans différents états d'être. Certains de ces états sont conscients, d'autres pas. Certains nous sont connus, d'autres pas. En fait, à chaque fois que l'on pratique, nous renforçons notre **capacité à "nous tenir autrement"**. Nous imprimons de nouvelles impressions dans notre subconscient.
Ces impressions nouvelles impressions modifient notre perception du monde extérieur et donc nos réactions face à celui-ci. Et, par effet domino, nos réactions ayant changé, le monde extérieur, en

cherchant lui-même à retrouver son équilibre, s'en trouvera changé.

C'est pour cette raison qu'il est important pour les pratiquants et les enseignants de comprendre le sens profond de chaque posture. Ainsi les états d'être imprimés seront des impressions de forces, de sécurité, d'ouverture, de stabilité. Et la perception du monde extérieur s'en verra grandement transformée.

Asanas – Clés de décodage

On peut décoder une asana en interprétant la symbolique de son nom. Et on peut décoder une asana en interprétant la symbolique du corps. Commençons par la symbolique du nom.

Dans le monde du Yoga, il y a deux écoles. Ceux qui pensent qu'il est indispensable d'enseigner les postures avec leur nom Sanskrit. Et ceux qui traduisent le nom des postures pour que l'aspirant en comprenne la signification.
Il est vrai que chaque asana porte un nom. Et ce nom ne lui a, sûrement pas, été assigné par hasard. Car, finalement, un nom n'est jamais une simple appellation. Un nom contient tout ce qui fait que l'objet est ce qu'il est. Il est, aussi, imprégné de la culture d'où y il provient. Et est, généralement, interprété selon des critères personnels.
Le sens du mot « vache », par exemple, sera perçu différemment par un indou que par un français, n'est-ce pas ?

C'est pour cette raison que, dans le cas des asanas, je pense que le sens littéral du nom n'est pas si important. Ce qui nous intéresse c'est son interprétation, l'expérience même du nom, ce que l'on "entend" ou se représente, en lien avec ce nom. Car c'est l'interprétation que l'on se fera de ce nom qui provoque un état d'être.

Symbolique des noms
Comme vous l'avez très certainement constaté, les postures de yoga ont des noms de plantes, d'oiseaux, d'objets, de figures de la mythologie. Chacun de ces noms, et par extension chaque posture, a une signification symbolique liée à celui-ci.
Les descriptions que vous trouverez dans ce livre restent générales car, comme je l'ai expliqué plus haut, chacun de nous vit les postures de manière différentes. La lecture d'une asana n'est donc jamais exhaustive. Il y a autant d'interprétation que de personnes qui pratiquent.
Ce qui est sûr, c'est que ces descriptions vous aideront à enrichir votre enseignement et à comprendre le raisonnement afin que vous puissiez de manière autonome explorer votre propre relation aux postures et à la pratique.

Commençons par les différents groupes de postures:

Les animaux

Les poses animales peuvent nous aider à nous connecter à notre inconscient. Pensez à l'animal totem dans certaines cultures.
L'instinct, les désirs, les réactions inconscientes font parties de notre part animal.
Avant de prendre la pose d'un animal, il peut être utile d'imaginer où il vit, comment son corps bouge, comment il mange et comment il joue. En bref, essayer de se mettre dans sa peau. Chaque animal a un don sacré que nous pouvons découvrir.

La Nature

Nous sommes composés d'air, de minéraux, de liquide… tout comme la nature. Nous subissons des cycles tout comme la nature. La nature est un donc, un peu, comme un miroir, elle nous permet de nous connecter à cette part en nous qui évolue sans cesse. La nature est aussi la vie matérialisée, tout comme nous le sommes, et en la regardant, en l'observant, en devinant ses cycles, c'est la vie et son rythme que l'on regarde, que l'on observe. La vie autour de nous, tout comme la vie en nous.
Le ciel contient les planètes et les étoiles ; la terre et la mer contiennent une diversité d'existences. Nous contenons des cellules, des bactéries.
Observer la nature peut nous donner un aperçu de notre connexion à tout être vivant. La nature nous rappelle combien tout est lié. La nature ne laisse personne indifférent. La comprendre et l'accepter c'est comprendre la vie et l'accepter telle qu'elle est avec ses hauts et ses bas. La montagne nous rappelle la force calme qui est en nous, les étoiles nous rappellent la lumière dans l'obscurité, un fleuve – le passage du temps…..

Les Outils

La société humaine moderne ne serait pas ce qu'elle est aujourd'hui si certains outils n'avaient pas été inventés. Quand on pense à l'usage omniprésent de la charrue et de la roue, il n'est pas étonnant que les outils soient devenus des archétypes à part entière.

Les personnages et divinités

Dans la mythologie hindoue il y a beaucoup de divinités. Elles ont souvent des personnalités bien trempées. Chacune a son rôle, chacune représente une manière de réagir face au monde, à la réalité, aux circonstances. Les divinités ont toujours servies d'exemple aux hommes, elles existent pour nous inspirer. Trouver en soi la puissance de ces divinités est une possibilité lorsque l'on s'y connecte corps et âme.

Les formes géométriques

Dans le domaine de la géométrie sacrée, les formes et les symboles ont un pouvoir immense, façonnant notre réalité d'une manière que nous n'aurions jamais imaginée.
La géométrie sacrée est un concept qui explore les relations entre les formes géométriques et leur signification symbolique et spirituelle. Elle remonte à l'Antiquité.
L'une des idées centrales est que certaines formes géométriques ont une signification intrinsèque et peuvent être considérées comme des archétypes universels.
Ces formes sont souvent considérées comme

"sacrées" en raison de leur association avec des concepts spirituels ou cosmiques.

Dans la méditation, la contemplation de formes géométriques sacrées peut être utilisée comme un moyen de se connecter à des dimensions plus profondes de la réalité.

Pour n'en citer que quelques-unes :

La **droite horizontale** représente notre plan terrestre et sa stabilité apparente. C'est aussi l'équilibre, l'impassibilité.

La **droite verticale** représente l'Esprit Divin. Ce qui est debout, à l'image de l'humain, est ce qui est doué d'esprit, d'intelligence. Elle symbolise le lien entre le monde divin et les mondes inférieurs.

La **diagonale** désigne un mouvement, qui est une progression ou une ascension selon le sens du tracé. Ce mouvement peut être un mouvement temporel ou une capacité d'action.

Le **cercle** représente l'unité, l'infini, l'éternité et la perfection. Il est considéré comme un symbole de complétude et de connexion avec le divin

Le **carré** symbolise la stabilité et l'ordre dans la géométrie sacrée. Il représente les quatre éléments (terre, air, feu, eau) et les quatre directions cardinales.

Le **triangle** est une forme présente dans de nombreuses traditions ésotériques et spirituelles. Il symbolise souvent la trinité, l'union des forces opposées et la manifestation de l'énergie créatrice. Le triangle équilatéral, avec ses côtés égaux, représente l'harmonie et l'équilibre, tandis que d'autres types de triangles peuvent avoir des significations spécifiques liées à leurs angles ou proportions.

Symbolique du corps

Voyons maintenant le décodage par interprétation symbolique du corps. Que représente chacune de ses parties ?

Les membres supérieurs

Ils sont attachés au buste par les épaules et nous permettent de toucher, de saisir, de prendre. Les bras nous servent aussi à rejeter, à enlacer, à serrer, parfois à étouffer ou emprisonner. Ils nous permettent finalement d'agir. Les bras sont les vecteurs de l'action. Agents d'exécution.
Qui dit action, dit maîtrise, puissance et pouvoir. Ils sont ce qui donne la possibilité d'agir sur les autres ou les choses, voire même de les juger (bras séculier) ou de trancher.
On peut, enfin, grâce à eux, protéger, défendre et se défendre. En tant que vecteurs de l'exécution, ce sont eux qui permettent de matérialiser nos idées, nos rêves. Ils nous permettent de *« faire »*. Par leur intermédiaire, *"l'être"* peut s'exprimer par l'action, on passe du concept à la réalisation, le yang peut se manifester dans le yin.

Les membres inférieurs

Ils nous portent. Ils nous permettent de nous déplacer, d'avancer ou de reculer, d'un endroit à l'autre et, bien sûr, vers les autres. Par conséquent, ils sont nos agents de mobilité qui nous mettent en relation avec le monde et les autres. Ce sont les fondations sur lesquelles repose tout le reste du corps, comme deux piliers. Ils nous permettent de nous assoir, de nous rapprocher du sol, de nous redresser et nous rapprocher du ciel.

Ils sont composés de deux parties, la partie supérieure de la jambe (cuisse et fémur) et la partie inférieure de la jambe (mollet, tibia et péroné), et trois axes importants qui sont leurs articulations principales. Ils se terminent par une pièce magistrale - le pied qui décode le sol sur lequel on progresse pour nous permettre de garder l'équilibre et de trouver la juste position du corps.

Nos membres inférieurs symbolisent, donc, le soutien et le mouvement. Et comme ce mouvement peut nous conduire vers les autres ils représentent, aussi, des agents de relation.

Le tronc

Le tronc est composé de la cage thoracique, du ventre à l'avant et de la colonne vertébrale et du dos à l'arrière. C'est un peu comme le corps d'une guitare, servant à amplifier les vibrations, c'est une caisse de résonnance.

La cage thoracique composée des côtes protège nos organes vitaux, le cœur et les poumons. Les côtes sont comme les doigts des mains qui, sans pression, entourent ce qui nous permet d'être en vie.

Le ventre est composé de l'estomac et des intestins. Des organes qui servent à la digestion du point de vue physique et qui représentent notre digestion

psychique. Ces organes transforment ce que nous ingérons en essence, en énergie. Ils séparent l'utile de l'inutile, et aident au rejet de ce qui n'est pas nécessaire.
La colonne vertébrale est notre axe. Tout passe par elle et la moelle épinière qu'elle protège. Elle est suffisamment rigide pour que l'on puisse se tenir debout et suffisamment souple pour que l'on puisse se tourner, se pencher….

En fait, le tronc est le creuset dans lequel sont mijotés ou macèrent des états internes de l'être, des émotions, des pensées. Il est le moi intérieur, le noyau de l'identité.

Le bassin & les hanches

Les hanches sont situées tout en haut de la jambe, juste en dessous de la taille. Elles représentent notre capacité à aller de l'avant en lien avec ce qui nous sert d'appui. Elles nous permettent de nous élancer dans la vie.
Les hanches expriment la malléabilité, le fait d'aller de l'avant, l'autonomie et notre positionnement face au monde.

Le bassin est le récipient qui accueille les énergies du pouvoir de l'ego. C'est aussi ici que l'enfant est porté. C'est le lieu de gestation de nos projets. Ici le corps soupèse notre élan avant que nous le réalisions.
Le bassin, en yoga, correspond à la zone du deuxième centre énergétique: *Svadhisthana chakra*. Il est

associé à l'inconscient, aux désirs profonds, à la sexualité, la créativité et l'instinct de procréation. Appétit, joie de vivre, estime de soi, sont des éléments également, associés à ce centre.
Nous y stockons les émotions non gérées. On les compare parfois au tapis sous lequel on met la saleté qu'on ne veut pas voir.

Les épaules

Ce sont les articulations qui font symboliquement la jonction entre la tête (les désirs, les envies, les idées) et les bras (la réalisation des idées, la mise en action). On peut aussi y voir la jonction entre le cœur et les bras, donc la capacité d'agir en fonction de son cœur.

En règle générale, elles représentent notre capacité à supporter les charges, les obligations, les responsabilités, les insécurités…
Les épaules sont à la base de l'action, mais aussi, de sa maîtrise. Elles sont un médiateur entre le pouvoir de nos émotions et le pouvoir de réalisation de nos bras et mains.

Elles ont aussi le rôle de balance. C'est un lieu de passage où sont soupesées nos idées, nos désirs, nos envies avant leur concrétisation.

La tête

Elle est le centre de traitement des données. Elle est le siège des principaux sens: l'ouïe, la vue, le goût, l'odorat. Ils sont les portes d'entrées des stimuli

extérieurs. (Le sens du toucher se retrouve sur tout le corps à travers la peau.)
La tête nous permet de garder le contrôle mais aussi de nous entêter. Elle tourne, nous permettant de regarder dans différentes directions ou d'éviter de voir.
Elle est composée du crâne protégeant le cerveau, les os symbolisant la spiritualité, elle est plus spirituelle que matérielle. C'est aussi le visage, ce que les autres voient de nous, ce, grâce à quoi, ils nous reconnaissent.

Image globale du corps-symbole

Le tronc est le cœur même de cet instrument qu'est notre corps. Il est la caisse de résonnance.
La tête (centre de traitement des données) et les membres supérieurs et inférieurs () y sont reliés par le cou, les épaules et les hanches.
La nuque est un pont, les épaules et les hanches des balances où sont soupesées nos idées-décisions.

Maintenant que vous êtes en possession des clés de décodage, il ne vous reste plus qu'à les utiliser pour interpréter chaque posture.

Nous allons, maintenant, passer à l'interprétation de quelques-unes des plus populaires postures de Yoga. Ces interprétations se basent autant sur la symbolique du nom ou de la forme que sur la symbolique du corps.

Asanas – Interprétation

Vous remarquerez que, certain placements des parties du corps, se répètent dans différentes postures. Ce sont les diverses combinaisons de ces placements qui font que chaque posture est unique.
Commençons par *Virabhadrasana*, la posture du guerrier.

> Pour faire court, selon la légende, le dieu *Shiva* a créé le guerrier *Virabhadra* à partir d'une mèche de ses cheveux pour venger la mort de son épouse bien-aimée *Sati*. *Sati* s'était jetée dans le feu après s'être brouillée avec son père, le prêtre *Daksha*, qui était contre leur mariage. En agissant ainsi, elle renie symboliquement son corps en coupant tout lien familial.
> Le nom *Virabhadra* lui-même vient des deux mots sanskrits *vira* signifiant « héros » et *bhadra* signifiant « ami, vertueux, favorable ».
> Dans cette légende, *Daksha* représente l'égo.
> Les postures de *Virabhadrasana* sont différentes incarnations de ce puissant guerrier. Elles symbolisent le dépassement de l'ego et de l'ignorance.

La posture du guerrier symbolise donc différents aspects de la force et du courage de *Virabhadra* et nous rappelle que nous pouvons faire face aux obstacles et aux difficultés de la vie en surmontant l'Ego et l'ignorance.

Dans le monde matériel trompeur, le guerrier «pacifique» symbolise l'âme humaine qui lutte pour distinguer la vérité de l'illusion. La bataille est externe et interne. Son arme est la conscience. Son armure est l'amour.

Virabhadrasana 1 – le guerrier 1

Dans cette posture, le guerrier semble demander, prier. Le genou plié montre son respect pour le ciel qu'il regarde. Les bras levés sont ses armes, qu'il semble faire bénir par ce dieu.

La poitrine ouverte montre la pureté du cœur, la justesse de l'intention.

La jambe tendue signale qu'il y a une action, un élan vers l'avant et leur enracinement dans le sol exprime la détermination.

Le guerrier 1 exprime la connexion au divin. Il regarde vers le haut avec son cœur ouvert en offrande. Il à la foi, il est sûr de recevoir. Il est comme une personne qui reçoit l'initiation, déterminé et ouvert à la fois.

C'est une posture qui nous met psychiquement dans un état de réceptivité consciente, volontaire. Elle reflète la foi en une force qui nous dépasse, en la vie mais aussi la foi en nous-même. Elle exprime également le guerrier qui a fait tout ce qui est en son pouvoir et qui a pris conscience que la volonté seule ne suffit pas. Il a compris qu'il y a quelque chose de plus grand qui le dépasse et il s'adresse à cette force. « Je me rends à ta volonté » semble-t-il dire.

C'est l'équilibre entre volonté et foi.

Virabhadrasana 2 – le guerrier 2

Ici, le guerrier se concentre sur sa cible. La posture du tronc montre qu'il est prudent, car la mise au point n'est qu'une préparation. C'est une représentation de la persévérance et de la prise de décision.

Ce guerrier sait où il veut aller, il a choisi la direction à prendre et regarde vers le but à atteindre, ancré dans le sol.

La position ouverte du tronc et des hanches vers l'avant, montre la capacité à faire face, la détermination par rapport au monde qui l'entoure. Elle permet, au guerrier, de rester en contact avec son quotidien, ouvert à ce qui se passe autour de lui. On sent qu'il peut comprendre et accepter l'avis des autres, sans pour autant se laisser influencer. En même temps, elle indique une certaine prudence.

Du côté où le pied est à 90C, la jambe est pliée. C'est de ce côté que se dirige toute l'attention du guerrier.

Cette jambe pliée donne beaucoup de stabilité à la posture, une stabilité qui confirme sa volonté, son choix.

La jambe tendue, quant à elle, symbolise l'énergie nécessaire à la progression. L'impulsion pour aller de l'avant. Son pied, tourné vers l'extérieur, est le point d'où part le guerrier pour aller vers son but. Il crée une sorte d'obstacle à l'énergie venant de la direction opposée à celle du but à atteindre, il s'en sert pour stabiliser sa posture. Comme pour marquer cet instant dans l'espace-temps.

Les bras (pouvoir d'exécution) tendus, à hauteur d'épaules et parallèle au sol forment un pont entre l'endroit d'où l'on vient et celui où l'on va. Ils expriment, eux aussi, la détermination, une détermination consciente, stable, volontaire et équilibrée. Leur horizontalité montre la concentration et la maîtrise du pouvoir d'exécution, d'action.

Le guerrier 2 puise sa force de toutes les directions, devant, derrière, en-haut, en bas, droite et gauche. Les unes le stabilisent, certaines le renforcent dans sa position, d'autres lui donnent la force d'avancer et d'autres encore le soutiennent dans le choix de ses actions.

Virabhadrasana 3 – le guerrier 3

C'est l'instant où le guerrier trouve son adversaire et le décapite.
Ce guerrier est une part de nous-mêmes, qu'on l'accepte ou pas. Et il est important de reconnaître que ce stade du guerrier a un rôle à jouer dans la nature et dans la vie.
Cette force sauvage peut être vue comme étant notre instinct de survie. Sans ce pouvoir, l'humanité pourrait ne pas exister aujourd'hui.
C'est plus généralement, un pouvoir puissant né d'un sentiment négatif qui peut être destructif. Mais, ici, nous apprenons que nous pouvons le maîtriser et l'utiliser pour construire.
La symbolique de la posture peut nous apprendre à reconnaître et accepter notre colère. On comprend qu'elle peut devenir un moteur et une force constructive si elle est bien employée.
Il arrive qu'il nous faille détruire quelque chose pour mieux reconstruire. Cela doit simplement être fait avec les armes du guerrier spirituel : la compassion et le pardon.

Le corps, dans cette posture, représente une personne qui a choisi d'utiliser cette force inconsciente de façon consciente. Elle la maîtrise, en garde le contrôle et la canalise sans se laisser influencer. Elle en fait un outil.

Rappelez-vous, le torse est la caisse de résonance de nos désirs, de nos pensées. Les jambes, symbolisent le support, l'élan vers l'avant. Les bras sont le

pouvoir de réalisation, d'exécution. Toutes ces parties, d'habitude verticales, sont ici, horizontales, parallèles au sol (reflet de notre terreau psychique). Ici le corps en horizontalité est en lien avec la terre. C'est l'indication de la matérialisation d'une idée, d'un désir. Mais, l'action n'est pas purement «terrestre», elle se situe entre le ciel et la terre. L'avant du corps, notre part sociale et consciente s'aligne avec notre terreau psychique (le sol), sans pour autant y être ancré.
Le regard tourné vers cette force primaire qui nous pousse à agir, indique la conscience du processus. L'arrière du corps, qui représente l'inconscient, ce que l'on ne montre pas aux autres, est ouvert et tourné vers le ciel, vers le divin. Comme pour dire qu'il n'a rien à cacher, que ses intentions sont pures. Il exprime la droiture du guerrier, son intégrité face au divin.

C'est une posture très active, qui personnifie l'équilibre entre la foi et l'action.

Il est intéressant de remarquer que la force d'extension des bras (le pouvoir d'exécution) et celle de la jambe tendue derrière (la force de support et de liberté de mouvements) doivent être en harmonie si l'on veut pouvoir tenir la posture.
La maîtrise du ventre/centre (lieu d'émotions, de digestion) est nécessaire afin de ne pas dévier de sa direction. Elle montre combien il est important de ne pas se laisser emporter par ses émotions. Elle permet

de garder l'alignement de la colonne vertébrale si nécessaire à la stabilisation, au maintien et à la force de résistance de cette posture.

Le guerrier 3 est un guerrier qui ne demande plus l'approbation des forces invisibles, il a dépassé ce stade. Il s'impose. Ici rien ne se dirige vers le haut. Il est seul avec lui-même face à son action.
Son corps ressemble à une flèche qui a déjà était tirée et dont la trajectoire a déjà été déterminée. Une flèche qui se dirige vers la cible.
C'est un guerrier accompli, non seulement dans le cœur et l'esprit mais aussi dans les actes.

Bhujangasana – le cobra

Il existe peu d'animaux qui inspirent autant de fascination, de peur et de respect que le cobra. Le serpent est associé à de nombreuses divinités : Ganesh en porte une en ceinture, Shiva autour du cou, Vishnu s'incline sur l'une d'entre elles.

L'un des symboles les plus populaires du cobra dans la philosophie yogique est le serpent enroulé à la base de la colonne vertébrale, réveillé par la montée de l'énergie kundalini vers le sushumna nadi (canal principal du prana qui parcourt la colonne vertébrale). C'est une force inconsciente, une force qui dort. En l'éveillant et en l'élevant, on éveille sa conscience et on se libère des illusions.

Le cobra, comme tous les serpents se déplace en rampant. Il utilise sa solide colonne vertébrale pour lever la tête, tout comme nous utilisons notre volonté pour regarder au-delà de l'illusion.
Sa capacité à changer de peau (la mue), symbolise la capacité de transformation et le dépassement d'avidya - le voile de l'illusion qu'est l'ignorance.
De par sa nature sauvage, le cobra représente nos instincts primaires, des instincts que l'on peut apprivoiser, gérer. Des instincts qui peuvent nous être utiles dans certaines situations. Il symbolise également l'Ego.

La nature même de la vie implique des changements et l'archétype du cobra nous incite à accepter les défis auxquels nous pouvons être confrontés et à embrasser toutes les étapes de la vie. Cette posture est l'image même de la résilience. Elle nous permet de développer le courage et la capacité d'acceptation. Elle nous montre que nous pouvons élever notre cœur même lorsque l'on est à terre. Et tout comme le cobra se débarrasse de sa peau morte, nous pouvons, nous aussi, nous débarrasser de nos croyances et pensées limitantes.

Le torse, la poitrine en particulier, s'ouvre sans crainte vers l'avant. Le pubis appuyé sur le sol (notre énergie la plus primaire) et les mains, forment un

triangle qui nous sert de base d'appui. C'est dans cette base solide que nous pouvons puiser la force de nous redresser.
L'instinct (pubis) et le pouvoir d'exécution (les bras), bien utilisés, sont ce qui nous permettra de nous relever.

Cette posture nous apprend que nous pouvons nous affirmer, même si les circonstances sont difficiles. Dans de tels moments, il suffit de prendre appui sur ce qu'il y de plus fort en nous, l'instinct (le pubis). Elle nous fait comprendre que nous n'avons pas besoin de notre pouvoir de mouvements, ni du support des jambes pour affronter la vie et ouvrir notre cœur.
La force peut aussi être dans l'immobilité et dans l'utilisation juste de nos capacités. On peut rayonner, même dans l'immobilité, même si la vie nous a cloués au sol.

Cette posture nous dit qu'on a le droit d'oser même si l'on ne s'en sent pas capable.

Mais attention, il ne s'agit pas d'être sous l'emprise de l'ego, car le regard est toujours tourné vers le haut. Ce regard vers le haut, nous rappelle que lorsqu'on utilise les énergies primaires il est important de les élever.

Halasana – la charrue

La charrue est utilisée pour labourer les champs afin que la terre puisse être cultivée. Labourer c'est permettre à la terre de s'oxygéner. En retournant la terre, nous déracinons les mauvaises herbes. Et des créatures qui, généralement, ne sont pas visibles, remontent à la surface.
Car, pour planter les graines qui donneront lieu à une nouvelle vie, nous devons d'abord éliminer ce qui pourrait les empêcher de se développer.
Notre psychisme est le sol de nos vies et Halasana nous aide à l'entretenir.

Nous voilà dans une posture inversée. Les épaules ne servent plus de support mais d'appui. Elles ne sont plus passives mais actives.
La tête semble coupée du reste du corps, comme pour dire qu'il n'est pas nécessaire de penser, simplement d'observer, de se tourner vers l'intérieur, vers soi.
Les bras (pouvoir exécutif, de réalisation) servent de base pour un meilleur équilibre. Les mains jointes empêchent l'action mais leur forme de triangle devient une base solide. Il y a donc, dans cette posture, une invitation à ne pas faire. Et cette invitation sublime le fait d'être.
Les jambes (liberté de mouvements) passent au-dessus de la tête pour se poser sur le sol exprimant, qu'à cet instant, la liberté de mouvement n'est pas nécessaire, la verticalité n'est pas de mise.

Les organes sexuels, l'anus (énergie primaire) sont tournés vers le ciel. Cette énergie est offerte au Divin au lieu d'être utilisée dans le monde matériel. On l'élève.
Le dos (notre part cachée, inconsciente) est ouvert vers le monde extérieur, nous le rendons visible, nous osons le montrer.
La poitrine (notre part visible, consciente – le blason) est tournée vers notre visage, peut-être pour que nous puissions voir ce que nous projetons vers les autres. On ne voit plus ce qui se passe autour de nous. On est refermé sur soi avec un sentiment de force, de fierté et d'ouverture.

Nous voilà, non plus, en train de porter le monde sur nos épaules mais en train d'utiliser leur force pour nous tenir à l'envers et oser regarder les choses différemment.

Halasana – la charrue, nous apprend qu'il y a un travail de préparation à faire avant de semer et de récolter. Elle nous montre quelles sont les qualités nécessaires pour défricher et labourer notre champ psychique. Et nous enseigne comment les utiliser. Elle nous invite à creuser la terre de nos vies et de notre inconscient, pour ensuite, y déposer de nouvelles graines.

 **Poorna Matsyendrasana – le seigneur des poissons**

Poorna Matsyendrasana est communément appelée la pose du Seigneur des poissons. Il existe plusieurs références à *Matsyendra* dans la littérature. Ces différentes versions parlent de la façon dont *Matsyendra* est devenu une âme réalisée, symbolisant ainsi les possibilités de transformation du yoga.

Les textes classiques déclarent que *Matsyendra* est né à une époque peu propice. Cela étant considéré comme présage de malchance pour ses parents, il fut jeté à la mer. C'est là qu'un poisson l'englouti. Il vécut en lui pendant de nombreuses années.
Un jour, nageant près d'une rive, il entendit *Shiva* qui transmettait les secrets du yoga à son épouse, *Parvati*.
Il se mit à pratiquer le yoga à l'intérieur du poisson où il se trouvait.
L'histoire continue en disant qu'un jour, Shiva, après avoir entendu toute l'histoire de *Matsyendra*, le choisit pour diffuser la connaissance du yoga dans le monde. Il transforma ce poisson géant en homme, et cet homme fut connu sous le nom de *Matsyendra*.

> Une version plus courte dit que *Matsyendra* est né sous forme de poisson et a été transformé en *Siddha* (celui qui est accompli) par la grâce du Seigneur *Shiva*.

Symboliquement, *Matsyendra* peut être associée à quelqu'un qui est à la recherche de sa véritable identité. *Shiva* et *Parvati* peuvent être perçus comme la sagesse et la connaissance.

Matsyendrasana est une combinaison entre équilibre, torsion, allongement et contraction. En tant que posture assise, elle exprime la disponibilité dans l'immobilité.

La position de notre corps, dans cette posture, nous incite à nous arrêter, à cesser de regarder en avant. Elle nous amène à regarder en arrière, là où nous ne regardons pas d'habitude. L'arrière représentant notre passé, notre inconscient et notre face cachée. Tout cela, tout en restant ancré dans le présent.

Cette asana nous donne, donc, l'occasion de récolter des leçons, de comprendre comment nous sommes arrivés là où nous nous trouvons.

Sa base, solide et équilibrée, représente le présent. L'arrière est le passé, l'inconscient. On peut donc observer, cette part cachée, de là où l'on se trouve au moment présent.

L'observer pour reconnaitre le chemin accompli,
l'observer pour voir ce que nous pouvons y puiser et
récolter ce qui nous sera utile au présent.
L'observer pour pardonner- se pardonner et
pardonner aux autres.

On commence, assis bien ancrés dans le présent, une
jambe passe au-dessus de l'autre, l'une nous sert
d'assise, l'autre d'appui.
Le torse est tourné vers l'avant, le futur, le conscient,
le visible. Puis on tourne le haut du corps, des
épaules à la taille, pour regarder vers l'arrière. Et
l'une de nos mains vient se poser derrière une fesse
sans que l'on y mette de poids.
On tourne la tête pour regarder au-dessus de l'épaule,
vers l'arrière. C'est le moment de regarder le chemin
parcouru depuis l'endroit dans le temps où l'on se
trouve. C'est l'occasion de reconnaître, pardonner et
récolter. Puis on revient dans le présent, plein des
informations récoltées.

Cette posture est une torsion en position assise.
Notre assise stable, en forme de triangle, nous fait
rester connectés au présent. On se sert de l'une des
jambes (élan vers l'avant) comme d'un appui pour
tourner le haut du corps. Le pouvoir de réalisation
(un bras) s'appuie sur cet élan en avant pour tourner
le haut du torse vers l'arrière.
L'autre jambe sert d'assise. Elle stabilise la posture.
Cette assise, en forme de triangle, est un ancrage qui
nous connecte au présent. Sa stabilité nous apporte la

sécurité et la confiance nécessaire pour faire face à cet inconnu.

La torsion du haut du corps (projection, blason) exprime le fait que l'on cesse de projeter notre image vers l'avant. Elle nous impose l'humilité.

Le mouvement de l'un de nos bras (pouvoir dans l'action) nous aide à nous tourner vers ce qui symbolise le passé, l'inconscient. Et sa main vient se poser, passivement, dans le passé, l'inconscient (l'arrière du corps représente, également, notre face cachée). Le contact avec le sol, de cette main posée à l'arrière, nous sert de point de repère. Il nous permet de ne pas nous laisser emporter par le passé, de ne pas nous perdre dans l'inconscient.

Et enfin, la tête se tourne, exprimant la volonté d'oser regarder sans filtres, le passé, l'inconscient et ce que l'on ne montre pas aux autres.

L'ouverture de la poitrine indique l'acceptation et la confiance dans le processus.

La colonne vertébrale en extension, condition nécessaire pour arriver à pratiquer les torsions, est notre axe de verticalité. Elle est l'axe immobile et souple à la fois, autour duquel tout le reste se meut. Cette verticalité symbolise l'équilibre, l'assurance, la conscience de ce que l'on fait. C'est la droiture.

Puis on revient à la posture de départ, riches de tout ce que nous avons récolté, de tout ce qui nous a été révélé.

La pratique régulière de Matsyendra représente la foi et la persévérance. Elle nous dit que nous pouvons nous sortir de situations où nous nous sentons prisonniers. Elle nous incite à un travail personnel et spirituel.

Garudasana – l'aigle

Garuda était le véhicule de Vishnu (le conservateur).

L'aigle est un oiseau de proie doté de pattes et de serres solides. Il est admiré par de nombreuses cultures.
Les aigles se nourrissent d'animaux terrestres mais peuvent également s'élever à de grandes hauteurs, symbolisant le fait qu'ils soient liés aux deux à la fois. Ils ont une vue et une ouïe étonnantes qui leur permet de voir le moindre détail d'une très grande distance, symbolisant la perception fine.
L'aigle est, encore, associé à l'âme, à l'esprit et à la résurrection.

Les membres symbolisent le pouvoir : pouvoir de direction et pouvoir d'action. Dans *Garudasana* nous concentrons ces deux forces.
Les genoux pliés communiquent à notre psychisme le souhait d'être ancré. Ils indiquent, également, qu'il n'y a pas de résistance.
Par le biais de la position des bras, le haut du dos s'ouvre pleinement. Les omoplates s'écartent. Nous nous préparons à ouvrir nos ailes pour voler haut dans le ciel. Voler de nos propres ailes.

Les bras et les jambes entrelacés indiquent la concentration de nos énergies d'action et d'autonomie, de mouvement. La posture entière du corps exprime cette concentration. Le croisement des membres tend à fermer le bassin et les épaules (balances psychiques). Comme pour empêcher le doute, ou l'indécision, de s'installer.

La partie avant (notre masque, ce que l'on montre au mot extérieur) se rétracte afin de permettre l'ouverture du dos (ce que nous ne regardons pas, ce que nous ne montrons pas). Nous nous libérons de ce qui peut s'y être amassé.

Garudasana nous permet de concentrer toute notre énergie, tout notre pouvoir. La posture ressemble à un circuit fermé. On revient vers soi pour soi. On se recharge avant de s'élever vers le ciel.

Adho Mukha Svanasana – le chien la tête en bas

Dans la mythologie indienne, le chien est associé à de nombreux dieux. On pense que nourrir et prendre soin des chiens est une façon de montrer sa dévotion à Shiva.

Les chiens sont associés à la fidélité et à la protection, mais on peut aussi réfléchir à leurs autres traits comme le fait d'être joueur, celui de protéger son territoire, la fidélité.

Dans cette posture il y a une flexion avant du torse qui implique un retrait par rapport au monde extérieur.
Nos bras et nos mains (notre pouvoir d'exécution, d'action), poussent contre le sol. Cette action permet à la poitrine (l'amplificateur, notre blason) de se rapprocher de nos jambes (support, mouvement).
Le bassin dirigé vers le haut, indique l'élévation de nos énergies primaires. Cette énergie est redirigée vers nos jambes exprimant le fait de l'utiliser pour progresser et gagner en autonomie.
La flexion avant montre le respect, l'abandon et l'introspection. Les parties les plus vulnérables de notre corps (poitrine et ventre) sont protégées. Nous offrons notre dos (inconscient, part d'ombre, part cachée) au ciel, démontrant, ainsi, notre confiance.
On se connecte à notre centre et, simultanément, on étire le corps sur toute la ligne.

En poussant et en s'appuyant sur notre terreau psychique, nous élevons nos énergies. Nous en changeons la direction. Nous allons contre l'apesanteur. C'est un travail tout en introspection (flexion avant). Sa forme de triangle, pointe vers le haut, représente le féminin, l'harmonie, l'équilibre.

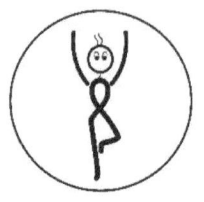

Vrksasana – l'arbre

L'arbre est un symbole très fort pour les peuples de tous les continents. On le trouve, d'ailleurs, dans plusieurs mythologies de la création du monde et dans certaines religions. Le déroulement du cycle annuel d'un arbre, l'associe à la succession de la vie, de la mort et de la renaissance.

Dans le *Rig Veda*, il est considéré comme l'axe du monde qui transmet aux dieux les oblations faites par les humains.

Les arbres nous apprennent la résilience, mélange de souplesse et de fermeté.
Ils sont un symbole puissant dans lequel on peut voir toutes les qualités nécessaires à l'avancement spirituel.
Ils puisent leur force dans la terre pour se dresser vers le ciel en absorbant la lumière (que dire de plus). Ils abritent différentes formes de vies – oiseaux, mammifères et insectes. Ils échangent le dioxyde de carbone contre de l'oxygène. Leurs fruits nourrissent la terre et les êtres vivants. Et même dans la mort, ils continuent de donner, en se transformant en nutriments et soutenant, ainsi, d'autres formes de vie.

La posture est toute en verticalité. Cette verticalité qui fait le lien entre la terre et le ciel. La colonne vertébrale, axe de notre existence, est droite et souple. Elle indique la volonté consciente de se tenir droit, d'aller vers le haut. C'est une posture active et passive, à la fois.
La jambe au sol est tendue. Elle est le support, le pouvoir d'aller de l'avant et l'ancrage. Comme les racines, elle puise dans le sol la force qui nous permet de maintenir la posture.
La jambe pliée et levée, indique un détachement par rapport au monde matériel.
Le bassin, qui soupèse nos choix de direction, est en position neutre. S'il y avait le moindre doute, il pencherait d'un côté ou de l'autre et l'équilibre serait difficile à maintenir. Il en va de même pour les épaules – choix d'action.
L'ouverture de la poitrine reflète la générosité et l'ouverture au monde qui nous entoure.
Les bras tendus vers le ciel, paumes des mains jointes, montre que nous ne sommes pas dans le faire mais dans le ressentir.
Dans cette posture la position des mains, n'est pas une position d'imploration. Ici, nous nous connectons en devenant un pont reliant la terre et le ciel. Ici nous sommes d'avantage émetteur que récepteur.

Vrksasana nous permet de faire l'expérience de la plénitude. Être heureux d'être, tout simplement. Sans se poser de question. Elle nous apprend l'équilibre entre force et souplesse. Entre introversion et extraversion. C'est une posture simple et pourtant si puissante.

Padmasana – le lotus

La posture du lotus est une posture bien connue, de méditation et d'exercices de respiration (*Pranayama*). Elle est considérée comme étant la première pose prise par Shiva avant de transmettre la science du Yoga à Parvati, sa femme.

La graine de lotus prend ses racines dans la vase du fond des lacs ou des rivières. De l'obscurité des profondeurs, la tige de la plante s'élève à travers les eaux troubles. A la surface de l'eau, le lotus apparaît. Le lotus est en contact, à la fois avec la vase du sol, l'eau, l'air et la lumière.
Lorsqu'il s'ouvre, ses pétales sont tous propres quel que soit l'état des eaux dans lesquelles il a poussé. Son ouverture quotidienne à la surface est un symbole de la puissance du désir qui nous conduit vers la lumière.
Dans la mythologie égyptienne, le lotus est également considéré comme un signe de renaissance et est associé à la pureté.

Lorsque nous sommes dans la posture du lotus, notre bassin correspond à ses racines, la colonne vertébrale à sa tige (flexible et solide à la fois). Le sommet de la tête, quant à lui, est comme la fleur qui peut être fermée ou déjà ouverte.

Cette posture est l'archétype de la graine. La position des différentes parties de notre corps nous isole du monde extérieur. Les pieds sont vers l'intérieur, les mains aussi, posées, passives.
Les jambes pliées, se croisent et les pieds sont posés sur les cuisses opposées. Cette position crée une sorte de circuit fermé de l'énergie primaire. Comme une coupe dans laquelle elle est enlacée, couvée.
C'est une posture extérieurement passive, intérieurement active. On laisse la sève monter vers la tête (la fleur). Elle passe par la colonne vertébrale (la tige). Et nos épaules (choix d'actions) sont les feuilles qui s'étalent sur la surface de l'eau, permettant aux pétales de s'épanouir.
Leur ouverture symbolise la réalisation de toutes les possibilités qui existent au sein de la graine. C'est la réalisation des possibilités du « je suis ».

Padmasana est un symbole de pureté. Il symbolise l'évolution du pratiquant sur son chemin spirituel.

Balasana – l'enfant

La pose de l'enfant est peut-être la pose la plus simple, mais elle est tout aussi riche en signification spirituelle que d'autres asanas plus complexes.

Dans *Utthita Balasana*, pendant l'exécution de la pose, nous nous reposons sur le sol, les bras tendus vers l'avant, les jambes pliées et le torse replié. La position symbolise l'humilité et l'abandon.

Les sages sont considérés avoir des caractéristiques communes avec les enfants car ils sont libres de tout attachement et de toute aversion. Tous deux agissent sans intention et sans arrière-pensée. C'est peut-être pour cela que l'on dit que : « la vérité sort de la bouche des enfants ».

Dans la pose de l'enfant, les organes vitaux sont protégés. Nous sommes notre propre refuge.

Le dos (notre part cachée) est ouvert vers le ciel, absorbant la lumière. La poitrine (l'amplificateur, le blason, les émotions) est tourné vers l'intérieur, totalement isolée du monde extérieur. On cesse de projeter une image, de paraître, pour laisser la place à l'être.
Les bras et mains (pouvoir de réalisation) sont posés au sol, passifs. Les paumes tournées vers le ciel, en position de réceptivité.

Dans la posture de l'enfant, nous sommes comme une graine. Ici, notre corps exprime la gestation. Nous voilà lovés autour de notre cœur. L'occasion de reprendre contact avec notre essence. Nous sommes dans le processus d'activation de la graine dormante.

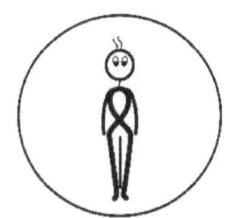

Tadasana – la montagne

Tadasana est également connu sous le nom de *Samasthiti* qui est dérivé du mot «*Sama*» qui signifie debout et «*Sthiti*» qui signifie immobile et calme.
Les montagnes ont toujours égé regardées avec émerveillement et fascination. Les hauteurs, inconnues et inexplorées, ne demandent qu'à être découvertes.
Ceux qui ont escaladé une montagne disent que cela à changer leur vie de manière considérable.
Considérées comme sacrées et respectées, beaucoup d'entre-elles, portent le nom de divinités.
En bouddhisme, la montagne, est le symbole de la compassion, de l'acceptation dans toute sa grandeur. Impassible et ouverte à la fois. Elle ne juge pas.

C'est la base de toutes les postures. C'est une position ferme et profonde. Si vous avez déjà eu la chance de vous trouver au sommet d'une montagne, vous comprendrez les sensations que cette posture peut vous offrir.
Lorsque vous voulez vous sentir enraciné et équilibré, vous pouvez vous visualiser comme une montagne, droite, stable et expansive. Lorsque vous voulez vous connecter avec votre potentiel infini,

imaginez-vous, debout au sommet d'une montagne. De là-haut on a une vue imprenable dans toutes les directions. L'univers s'offre à nous sans limitation.

Imaginez une montagne. Observez-la, ressentez-la. Voyez comme elle est solide, stable, inerte (ou presque). Sa base est dans le monde des humains. Elle est la première à être dans l'ombre quand le soleil se couche. Son sommet, lui, touche presque le ciel, le divin et l'Eternel. Il est exposé à la lumière jusqu'à ce que le soleil disparaisse de l'horizon. Qu'il pleuve, vente, neige, ou qu'il fasse chaud, la montagne reste imperturbable.
Elle est un lien entre la terre et le ciel, entre l'humain et le divin.

"Dans la posture Tadasana, la tête, qui est la plus proche du ciel, est l'endroit où nous recevons les bénédictions qui coulent vers le reste de notre corps comme une rivière"

Le corps est tout en verticalité. Les pieds sont ancrés dans le sol.
Ici ce n'est l'âme qui redresse le corps mais le corps qui soutient l'âme. Il y a un engagement à être présent, passif mais volontaire. La posture de la montagne c'est la stabilité, la tempérance.

Nous avons vu que la posture de l'aigle – *Garudasana* - est une intériorisation, une concentration de nos énergies. Dans la posture de la montagne, il y a aussi concentration mais beaucoup moins d'intériorisation.

Prendre cette posture c'est nous permet d'absorber l'énergie de la Terre et de la faire monter vers le ciel. C'est, aussi, descendre de ses nuages et se rappeler que nous sommes ici pour agir. C'est la verticalité dans toute sa puissance et dans toute sa bonté.

Cette asana rayonne l'acceptation et la fermeté de décision. Le corps est là, actif dans l'immobilité. On peut ressentir la force de l'état d'être car, sans rien faire de plus que de se tenir droit de manière consciente et engagée.

Ce ne sont pas nos jambes (support, liberté de mouvement) qui nous portent. Ici, nous nous en servons comme un appui. Nous nous en servons pour mieux nous dresser ou nous redresser, nous élever. Leur immobilité nous impose de l'arrêt. Nous choisissons de cesser de courir ou de cesser d'aller dans toutes les directions.
Nos genoux ne sont pas pliés, ils sont tendus sans tension. Cela montre que nous ne cherchons pas à rapprocher notre centre de gravité de la terre. Nous ne voulons pas nous alourdir mais seulement nous centrer.
Les bras le long du corps, tendus, actifs jusqu'au bout des doigts, expriment la maîtrise de notre pouvoir d'action. Ils sont immobiles mais pas totalement passifs. Ils pointent vers la terre, indiquant la volonté de ne pas dépenser inutilement notre énergie d'action

et de création. Nous nous posons, nous cherchons à être présents à 100%.

Le cou et la nuque sont dégagés. Les épaules sont ouvertes et basses ainsi tout le poids qui pouvait y avoir été accumulé, s'efface. Cela crée un état d'ouverture au monde extérieur. Un état d'ouverture dénué de crainte.

Nous sommes dans l'action passive.

Cette posture évoque la force tranquille d'une montagne. Elle nous permet de nous enraciner et nous invite à stabiliser nos énergies. Nous sommes le lien entre la terre et le ciel.

Elle nous impose de nous concentrer sur l'ici et maintenant. Et nous rappelle qu'être simplement présents, sans se préoccuper de ce qui va se passer, sans se laisser influencer par le monde extérieur, peut nous conférer la liberté et l'illumination.

Utkata Konasana - la déesse

C'est une pose que j'affectionne tout particulièrement. C'est l'ouverture totale. Elle exprime la force féminine par excellence.

Dans cette asana, on s'ancre. Grâce aux genoux pliés, notre centre de gravité se rapproche du sol et nous donne une assise solide. Comme dans toutes les

postures de yoga, les jambes (liberté de mouvements) ne sont pas des supports mais des appuis. Elles sont actives, on les utilise en toute conscience. Elles nous aident à trouver la droiture.
Les bras (pouvoir d'exécution), les coudes (appui ou support lors de fatigue éventuelle mais aussi lien aux autres – se serrer les coudes, donner des coudes), sont levés, immobiles, indiquant que l'on abandonne leur pouvoir aux autres. C'est le "haut les mains".

Certains pourraient penser que cette posture nous met dans un état de soumission, de fragilité. Être totalement ouvert au risque d'être blesser par une personne malveillante, semble impensable pour la plupart d'entre nous. Et pourtant la posture de la Déesse nous enseigne l'opposé. Malgré cette ouverture totale, il n'y a aucun sentiment de danger ou de fragilité. Les jambes écartées et les genoux pliés nous donnent une assise solide. Nous ne sommes pas dans la verticalité. L'ouverture des hanches et des épaules permet à l'énergie de s'étendre en largeur.
Nous ne sommes pas récepteurs mais émetteurs. La gestuelle de tout le corps, exprime le don. On projette tout notre être, toutes nos énergies, de manière passive. On rayonne. Tout l'art est dans le fait de donner sans s'attendre à recevoir en retour.

La Déesse donne, elle est là, ouverte, rien de plus. Elle ne cherche pas à provoquer quoi que ce soit. Elle sait qui elle est. Elle est consciente de sa force, de ses pouvoirs (ouverture du torse, des épaules, du bassin) et a choisi de les utiliser pour donner et non pour construire. La posture de la Déesse nous apprend ce que signifie être une Source.

Natarajasana - le roi de la danse

Il existe une version qui se nomme *Natanadasana*. La posture de la danse (*nata*) et du son cosmique (*nada*). Dédiée à *Nataraja*. *Nata* (danse) – *raja* (roi) ou Shiva, dans sa manifestation de danseur cosmique.

Dans la mythologie hindoue, *Shiva* est représenté sous de nombreuses formes. L'une des plus connues est *Nataraja*, le « danseur cosmique ».

En tant que *Nataraja*, Shiva est souvent représenté avec des cobras autour du cou, en équilibre au sommet d'un petit nain et entouré de feu. Bien que cette image semble effrayante, son symbolisme est en réalité loin de l'être.
En fait, *Shiva*, sous cette forme, se tient debout sur *Avidya*, le démon de l'ignorance. Le venin des cobras symbolise la nature toxique d'avidya (ignorance de notre propre nature divine et

> identification à notre ego). Le cercle de feu autour de la divinité
> Dans une main, il tient la flamme *de Vidya*, la connaissance. Dans une autre, il a un tambour avec lequel il bat la mesure. Chaque battement de ce tambour est à la fois une mort et une renaissance. C'est sur ce rythme, le rythme cosmique, que Shiva danse à l'intérieur d'un cercle de feu qui représente l'univers manifeste et *samsara* - le cycle de mort et de renaissance auquel la vie dans le monde matériel est liée.
>
> En tant que l'un des trois dieux de la trinité hindoue, Shiva ouvre la voie à *Brahma* pour qu'il puisse accomplir son travail. *Brahma* ne peut pas créer sans que *Shiva* n'ouvre le chemin et ne pose un terrain fertile.

Le roi de la danse se tient sur une jambe avec fierté. Il sait ce qu'il vaut, il sait ce qu'il fait. Le torse bombé, le dos cambré, forment avec la jambe un cercle dans lequel l'énergie peut circuler.

Avez-vous déjà vu des danseurs? Vous pouvez les reconnaitre dans la rue à la façon dont ils se tiennent. Un danseur a un maintien très singulier. Ce n'est pas son corps qui le supporte mais lui qui porte son corps avec fierté.

Sa fierté n'est pas mal placée, elle n'est pas celle de celui qui veut faire croire qu'il est important, non… c'est la fierté de celui qui est sûr d'être quelqu'un de spécial, d'unique.

Ici, l'avant du corps a la vedette. C'est notre part consciente, celle qui est visible aux autres.
Le roi de la danse symbolise la liberté acquise.

Cette posture nous enseigne que tout est mouvement. Que nous ne sommes liés à rien, de manière permanent (ni à la tristesse, ni au bonheur, à la jeunesse ou à la vieillesse). Et si nous le nous réalisons pleinement, alors nous serons libres.

> *En vérité, en tant qu'êtres énergétiques, nous ne pouvons ni être créés ni détruits ; nous pouvons simplement changer de forme.*

Natarajasana nous impose de travailler sur nos peurs grâce à la flexion du dos et l'équilibre. Elle nous sort de notre zone de confort.
On se tient sur une jambe, on sort de la verticalité rassurante. Cela nous ouvre vers d'autres horizons, de nouvelles expériences.

Ces deux positions simultanées, flexion du dos et équilibre, peuvent susciter une réaction de peur, que nous pouvons laisser se dissoudre dans l'ouverture de notre le cœur.

Ce n'est que par l'équilibre qu'un sentiment de libération peut s'éveiller, à la manière de Shiva dans la danse de *Nataraja*.

Trikonasana – le triangle

Trikonasana est l'une des postures de yoga les plus populaires.
Elle se compose de plusieurs triangles: l'un d'entre eux est formé par les deux jambes, un autre par une des jambes et le bras qui va vers le bas. Un troisième se situe entre le torse et le bras dirigé vers le haut.

Le chiffre trois est considéré comme un nombre magique. On le trouve aussi bien dans la religion, la spiritualité, la politique que dans la nature: la Sainte Trinité, les trois partis politiques, les trois écrits bouddhistes sacrées, la théorie en trois parties de Freud de la personnalité (le Ca, le Moi et le Surmoi)
Trois était aussi le nombre d'harmonie pour Pythagore, la plénitude pour Aristote, le pouvoir du taoïsme et de la Chine ...

Dans la tradition du Yoga, le trois se retrouve dans les *Doshas* (*Vata, Pitta, Kapha*), les *Gunas* (*Tamas, Rajas, Sattva*), dans les *Nadis* (*Ida, Pingala, Sushumna*) et dans le *Trimurti* (Brahma, Vishnu, Shiva). Dans la trinité *sat* (existence), *chit* (connaissance), *ananda* (félicité).

Le triangle symbolise l'être divin. Ses trois côtés représentent les trois forces de l'univers. Le pouvoir créateur (Brahma), le pouvoir de

> conservation (Vishnu) et le pouvoir de changement-destruction (Shiva).
>
> Et pour finir, il symbolise, également, les trois états de conscience : *jagrata* état de veille – *svapna* état de rêve – *sushupti* état de sommeil

Structurellement, le triangle est considéré comme une des bases les plus solides et les plus stables. C'est une structure capable de supporter des poids énormes et des pressions élevées. Voyez les pyramides égyptiennes.

Symboliquement, le triangle ; avec sa pointe vers le haut, est d'essence masculine, il représente le pouvoir, la divinité, le feu, le cœur, les montagnes, la prospérité, l'harmonie.
Le triangle inversé est d'essence féminine, lunaire. Il représente la Mère, l'eau et la grâce.
Les trois lignes qui, en se rejoignant, forment la pointe du triangle reflètent clairement un sentiment de détermination et de finalité, d'absolution et de perfection.
La pointe du triangle peut d'ailleurs être vue comme le point de rencontre des trois qualités qui coexistent dans la nature, les trois *gunas*:

Sattva: équilibre, plaisir - créativité
Raja: mouvement et irritabilité - éphémère
Tamas: gravité et résistance – Fondation

Dans la philosophie du yoga, ces trois qualités sont considérés être les fils de la nature. Elles sont présentent en tout.
Ce sont les fils avec lesquels nous sommes tissés. Ce qui signifie que ces qualités coexistent aussi en nous. Chacune d'elles a un rôle à jouer dans la chimie de la vie et quand l'une d'elles domine les autres, l'harmonie est en danger.
L'équilibre s'obtient lorsque ces 3 qualités vivent en harmonie. Lorsqu'elles se rejoignent en un point unique et équilibré, la pointe du triangle.

Dans *Trikonasana*, *Tamas* (fondation-gravité) fait équipe avec *Raja* (mouvement) pour construire une base solide et forte.
On prendra soin de répartir le poids entre les deux jambes pour obtenir *Sattva* (l'équilibre). Cet état d'équilibre nous permettra de pouvoir garder la posture tout en regardant vers le ciel.
Grâce à l'oscillation incessante du corps entre *tamas* et *raja*, le pratiquant trouvera *sattva*.
Avec l'une des mains vers le sol et l'autre vers le ciel, nous devenons l'unificateur. Le symbole de l'union entre *Shiva / Shakti - Purusha / prakriti - matière / spiritualité*.

Nous sommes connectés à notre environnement avec le pied et la poitrine qui regardent vers l'avant.
L'autre pied, qui est dirigé vers une direction différente, indique qu'il y a un but à atteindre.
Le tronc est parallèle au sol au lieu d'être vertical. Il indique que l'on ne se ferme pas sur soi, que l'on reste ouvert au monde qui nous entoure. En même

temps, il montre que l'on ne cherche pas non plus à se projeter ou à s'imposer. En fait, cette position du torse indique l'alignement avec la vie, l'acceptation. Nos bras relient la terre au ciel. Ils expriment, ainsi, notre volonté d'utiliser notre pouvoir d'action pour devenir un canal.
Les jambes sont très actives. Et les genoux tendus ne cherchent pas un ancrage trop profond, bien au contraire, ils nous permettent d'être stables et légers à la fois.

Trikonasana nous rappelle les trois aspects de l'existence: mental, physique et spirituel et ses trois étapes: création, entretien et destruction, symbolisé par le *Trimurti*.

Pachimottasana – la pince

C'est l'une des plus anciennes postures décrites dans les textes de yoga. En sanskrit, « *Paschima* » signifie ouest, point cardinal qui symbolise l'arrière, et « *Uttana* » correspond à un étirement intense.

Dans la tradition indienne nous présentons l'avant de notre corps à l'astre de chaleur et d'énergie quand nous pratiquons la salutation au soleil. La partie avant de notre corps est associée à l'Est et l'arrière à l'Ouest.

Cette approche rejoint la vision du corps en tant que corps symbole. L'arrière du corps, en tant que « face ouest » est le lieu du coucher du soleil, de la nuit avec ce que cela implique: obscurité, part cachée, manque de visibilité et peurs. D'où la nécessité de l'amener à la lumière, de l'assouplir.

Dans cette posture, le haut du corps se couche sur les jambes. La conscience (haut du corps) observe l'inconscient (bas du corps). Nous entrons en contact directe avec notre pouvoir de mouvement et d'autonomie (jambes).

Les jambes (en tant que part inconsciente) n'étant pas actives, nous ne risquons pas d'être influencés par elles. La conscience survole donc l'inconscient.

En nous penchant en avant, nous provoquons une forme d'isolement, un état d'introspection. Nous choisissons de ne pas être dérangés par les stimuli du monde extérieur.

Notre dos (la face cachée, l'Ouest) est ouvert. Il fait face au ciel. On ne se cache pas devant le divin. Et cette part de nous, peut être libérée des blocages et tensions qui s'y sont installés. Elle peut être éclairée, réchauffée.

Il y a donc deux actions simultanées.

1. Le haut du corps, actif, en tant que conscient qui fait face au bas du corps, passif,

inconscient. Reconnaissance et acceptation.
2. Et le dos en tant qu'inconscient, face cachée, source de l'être, qui s'ouvre vers le ciel alors que l'avant du corps, en tant que conscient, paraître, se ferme. Libération.

C'est pour cela que cette posture aide le mental à se calmer et crée un état d'humilité et d'introspection.

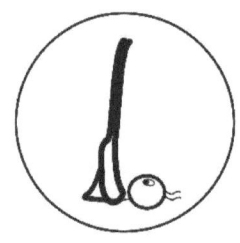

Sarvangasana – la chandelle

« Sarva » signifie « tout », « anga » signifie membre et « asana » signifie posture. Généralement traduite par posture de la chandelle. Cette asana implique tout le corps.

Sarvangasana est un symbole de volonté personnelle. Cette posture implique d'ailleurs, la maîtrise de cette volonté.

Nous portons, souvent, les responsabilités des autres sur nos épaules tout en ne nous occupons pas suffisamment des nôtres. Ici, nous sommes encouragés à faire le tri. A nous décharger de ce qui ne nous concerne pas et n'est pas de notre ressort. Mais aussi, à embrasser véritablement les responsabilités qui nous incombent. L'un des composants de la vraie liberté est la prise de responsabilités.

Dans cette posture, avec notre corps, nous revendiquons une connexion différente avec le divin. Car notre corps, bien que dans la verticalité, est en verticalité inversée.
Nos jambes qui d'habitude nous permettent de nous déplacer et supportent notre poids, ne sont plus notre base. Dans cette posture, on utilise leur fonction (aller de l'avant) pour nous dresser vers le ciel. On offre ce pouvoir au divin, comme pour indiquer que la direction que nous avons choisie est l'élévation. Mais aussi, peut-être, pour laisser le divin nous aider dans le choix de cette direction.
Nos épaules (porte de la réalisation) ne portent plus le poids du monde ou de nos vies mais nous servent d'appui pour nous élever. D'ailleurs pour réussir cette posture il est important qu'elles soient loin des oreilles. Cela implique d'avoir du courage sachant que les épaules près des oreilles sont indice de peur. Nous stabilisons la posture à l'aide de nos bras (fonction de réalisation, le faire).
Notre bassin (énergie primaire, porte de la direction) est levé vers le ciel. Image de la nécessité d'élever cette énergie primaire si l'on veut tendre vers lui.
Nous faisons face à notre blason (la poitrine). Obligés de voir ce que nous projetons. Le cou est fermé (communication, créativité), le menton vers la poitrine. Nous ne créons rien, nous vivons l'expérience.

Pour être réalisée avec aisance, Sarvangasana, demande d'accepter de voir les choses sous un autre angle, d'ouvrir notre esprit.
Cette posture est à l'image de l'adage: «Ce qui est en bas, est comme ce qui est en-haut.»

Nous sommes toujours dans une posture reliant la terre au ciel, mais celle-ci indique clairement que le flux d'énergie est inversé.
Ici, nous soulevons tout ce qui fait l'humain vers le divin. Nous cherchons à dépasser la condition humaine. Le dépassement complet est atteint dans la posture de *Sirsasana*.

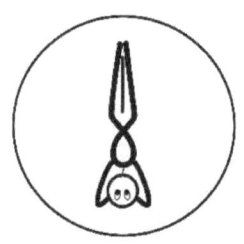

Sirsasana – la posture sur la tête

Voir le monde à l'envers… Apprendre que l'on peut rester en équilibre même la tête en bas, même lorsque l'on est sens dessus dessous. Savoir que nos pieds (nos origines) ne sont pas l'unique base de notre posture, de notre corps (nous-même) mais que l'on peut puiser des forces en d'autres lieux. La tête, l'esprit peut être une base très stable si l'on sait les utiliser. Les épaules, les bras (actions) et le haut de notre dos (ce que l'on peut porter) eux aussi participe à la stabilisation de cette posture.

Peut-être que *Sirsasana* est considérée comme royale parce qu'elle indique l'atteinte de la libération du Soi. L'aspirant ne se base plus sur son histoire "terrestre", "humaine" mais il se base sur son Esprit (tête), sur son endurance (épaules), sur ses actions (bras) et sur sa résistance (haut du dos). Et c'est grâce à ses qualités qu'il a la possibilité de voir les choses dans l'autre sens, de passer de l'autre côté du miroir, d'avoir une perception à partir de l'opposé.

Sarvangasana est le début du dépassement de la condition humaine. *Sirsasana* est l'atteinte de ce dépassement. Nous sommes tout à fait à l'envers. La verticalité inversée est complète.

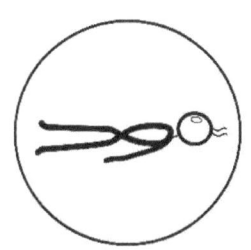

Savasana – le cadavre

Il n'y a pas de cours de yoga qui ne se termine sans *Savasana*. C'est la posture de clôture par excellence. D'ailleurs, si l'on considère une séance de yoga comme étant une analogie à un cycle de vie, on comprend mieux pourquoi *Savasana* en est la clôture. Comme son nom l'indique, c'est la posture du cadavre.

J'ai un faible pour cette posture, je l'avoue. C'est probablement la raison pour laquelle je me suis plongée dans la pratique du Yoga Nidra – cette pratique se fait en *Savasana* et autour de *Savasana*.

Je pourrais écrire un livre entier rien que sur cette posture mais ce n'est pas le thème central de celui-ci. Je vais donc restée aussi succincte que possible.

On parle toujours de « bien vivre ». On ne parle jamais du « bien mourir ». La naissance est abordée avec aisance mais la mort est l'extrémité taboue de la vie. Elle effraie, on voudrait pouvoir l'éviter. On fait comme si elle n'existait pas, on s'en moque ouvertement, on la minimise. Mais rien de tout cela ne changera le fait qu'à un moment ou à un autre nous lui ferons face. Elle nous prendra la main et nous devrons apprendre à nous laisser aller afin de progresser le moins douloureusement possible. Cela peut paraître morbide, pourtant lorsque nous osons aborder *Savasana* comme étant simplement un instant du cycle de la vie, cela nous guérit profondément et peut même rajeunir notre esprit et notre corps.

Savasana se fait en plusieurs étapes. Chacune d'entre-elles nous permet de retenir des informations, d'apprendre. Puis nous abandonnons chacun des niveaux auxquels nous nous étions identifiés.

En premier lieu, *Savasana* est un instant de pause totale. C'est donc le meilleur moment pour observer et sentir. Nous avons l'occasion de prendre conscience des effets, autant physiques que psychiques, de notre pratique. L'important est de constater, sans jugement. Car les véritables leçons ne s'apprennent pas en réfléchissant, en analysant mais en écoutant et observant.

Puis nous laissons notre corps et amenons notre attention sur la respiration. Elle est le lien entre notre existence matérielle et immatérielle. L'observation de la respiration nous permet de découvrir et de nous connecter à un autre niveau d'être.

Laissant notre attention sur la respiration nous sommes pris dans le rythme infini de la vie. Son va et vient incessant, ce flux, nous relie à l'origine.

Le corps et le corps subtil bénéficient du mouvement et de la pratique des asanas mais l'état ultime du yoga n'est atteint que lorsque nous nous arrêtons. La posture de Savasana, nous permet de pratiquer l'état très important du « ne rien faire », tant physiquement que mentalement. Quand on cesse d'être acteur le bonheur apparaît.

Ici le corps ne fait plus rien. Il se met au "point mort", comme nous le faisons pour les vitesses d'une voiture. Allongé sur le sol, si nous trouvons l'alignement parfait, le corps signal au cerveau notre volonté de nous abandonner totalement. C'est le passage du mode faire au mode être.
La tête doit rester centrée, ne pas se pencher d'un côté ou de l'autre. Cette position signale que nous souhaitons rester conscient. Nous ne voulons pas nous endormir.
Les membres (pouvoir d'action et de direction) restent immobiles détendus. On peut alors en prendre pleinement conscience.
Les paumes de mains tournées vers le ciel indiquent notre réceptivité.

Nous faisons face au divin, nous faisons face au ciel. Sans détour, tel que nous sommes à l'instant présent. Ici les parties vitales du corps (cœur, poumons, intestins…) ne sont pas protégés. Nous sommes, véritablement, dans une position d'abandon et de confiance. Nous nous offrons au divin ou à la vie et à son cycle.
Il n'y a rien à faire.

Puis, alors que nous nous éveillons lentement de cette posture et de cet état, nous « renaissons ». Nous voilà devenus une version plus claire, paisible et plus aimante de nous-mêmes.

Voilà pour ce qui est du décodage des asanas.
N'oubliez pas qu'il existe de multitudes de manière de les interpréter. Ici, je vous ai présenté la mienne et j'espère qu'elle vous aura plu.
Je vous recommande de lire également "Le chien la tête en bas" écrit paru aux éditions La Plage. Les postures de yoga y sont décrites en rapport à la mythologie.

Nous allons maintenant finir notre voyage, en abordant l'interprétation d'un cours entier.

Interprétation d'un cours entier

La pratique du yoga nous permet de lier les différents aspects de notre vie et de nous-même en un tout cohérent. De comprendre notre rôle dans notre destin. L'évolution personnelle a toujours été le but des pratiquants de yoga. On pratique le yoga pour changer: changer son corps, changer ses habitudes, changer son rapport à soi, changer sa perception…
On pratique le yoga pour maîtriser, gérer. Gérer son tempérament, ses penchants, ses habitudes. Car ce que l'on fait aujourd'hui dessine les contours de demain et ce que nous sommes, où nous nous trouvons aujourd'hui est le résultat d'hier. Si je maîtrise le présent, si je suis conscient de ma responsabilité, conscient que je crée à chaque instant, je serai maître de ma vie.
Que l'on décrive le yoga en tant que diminution des fluctuations de l'esprit comme Patanjali ou en tant qu'excellence en action comme Krishna, n'importe quelle pratique de yoga a pour but d'optimiser notre relation avec nous-même et le monde qui nous entoure. La pratique des asanas ne déroge pas à cette règle, tout dépend de notre manière de l'aborder.

Allez, osons approcher un cours de yoga différemment ?

Première version
L'introspection en début de session

Nous voilà assis, ou couché pour les débutants. On vous demande de fermer les yeux, d'observer votre corps puis votre respiration. Certains ont du mal à fermer les yeux, c'est leur première rencontre avec leur monde intérieur et ils y découvrent un brouhaha incessant. Ce n'est pas grave, gardez les yeux ouverts, simplement choisissez un point fixe afin de garder votre attention immobile, car la est le but. L'immobilisation de l'attention. Nos yeux suivent sans cesse et de façon totalement inconsciente nos pensées, les garder immobiles permet de ralentir le flot des pensées.

Notre attention se disperse tout au long de la journée, notre corps est à un endroit et notre esprit se trouve ailleurs. Ils ne sont pas « unis », alignés. L'introspection en début de session permet au pratiquant de ramener son attention à l'ici et maintenant. C'est le premier niveau d'union, celui du corps et de l'attention.

Combien de fois vous êtes-vous retrouvés dans votre lit en train de penser à votre travail ou bien, inversement, à votre travail en train de penser à votre lit. Dans ces moments nous perdons énormément d'énergie car l'attention et le corps ne sont pas alignés. Nous perdons également des informations qui pourraient nous être utiles. Le fait de « penser » à quelque chose est trop souvent une preuve d'inquiétude, inquiétude qui ne nous permet de toute façon pas de résoudre le problème auquel nous pensons.

En début de session, les aspirants sont assis, immobiles. Ce moment est très important, il fait partie de ce qui rend la pratique du Yoga différente de simples exercices physiques.

La racine du mot yoga, comme nous l'avons expliqué plus haut est « lien », le lien entre le corps et l'esprit est le premier à atteindre. Pensez à vos journées, voyez combien votre attention est instable, mobile. Elle va et vient continuellement. Vous être en train d'accomplir une tâche à un moment précis et votre attention, votre esprit, est ailleurs, en train de « penser » à ce qui s'est passé ou à ce qui se passera. L'esprit n'est pas présent à ce que nous faisons, l'esprit n'est pas au même endroit que le corps, il est dans le passé ou bien dans le futur, rarement dans le présent. Nous sommes « dissociés ».

Pourtant les instants de joie, de plaisir, sont ceux ou l'esprit est dans le moment présent. Le moment ou vous savourez ce que vous faites, ce que vous ressentez, ce que vous entendez…

Imaginez que vous puissiez vous diviser en plusieurs personnes et que vous soyez le centre de commande en quelque sorte, que votre énergie soit la même mais qu'elle soit divisée elle aussi. Imaginez que toutes ces personnes parlent, agissent, ressentent en même temps, puisant dans l'énergie unique du centre de commande que vous êtes. Comment pensez-vous que vous vous sentiriez ? La fatigue, la confusion feraient rapidement leur apparition, n'est-ce pas ? Et bien c'est exactement ce qui nous arrive à longueur de journée, tout au long de notre vie lorsque nous n'apprenons pas à rester « centrer », à garder l'esprit présent.

Le « recentrage » en début de session, permet aux pratiquants de ramener l'attention au présent. C'est comme si vous ramassiez tous les petits bouts d'énergie que vous avez laissé s'éparpiller durant la journée et que vous les rassembliez en un point précis. Vous retrouvez votre force, votre concentration. Vous vous sentez « présent » à ce que vous faites, vous éprouvez, vous goutez et donc vous appréciez.

Surya Namaskar - la salutation au soleil

La salutation au soleil est un enchaînement de postures fluide du Hatha Yoga qui jouît d'une très grande popularité. Son nom est dérivé de l'ancienne langue indienne, le sanskrit « Surya Namaskar », qui signifie littéralement « salutation au soleil » ou « saluer le soleil ».
Il existe différentes variantes de Surya Namaskar, les plus classiques se composent de 12 postures. Traditionnellement, elle est pratiquée tôt le matin en alignement avec le soleil, pour le remercier pour sa puissance, sa chaleur et sa lumière, sources de toute vie sur la terre. Aujourd'hui, cette séquence est généralement pratiquée en début de séance. Elle permet de stimuler, d'étirer et de renforcer tout le corps.

Nous allons voir comment aborder cet enchaînement d'une manière différente.

A) Comme une affirmation de soi

Avant de commencer Surya Namaskar, prenez le temps de vous recentrer. Portez votre -attention sur vos pieds, ils sont votre base, c'est de la que vous puisez l'énergie de l'action. Vos pieds sont ancrés dans le sol, ils s'appuient sur lui comme vous vous appuyez sur votre base psychique. Cette base est votre histoire personnelle. C'est votre point de départ, celui d'où vous partez pour aller vers vous-même. Certains d'entre vous, n'aiment pas y penser, ne veulent pas s'y appuyer mais sachez que c'est là qu'est votre force. Cela n'a pas d'importance si votre histoire personnelle n'était pas un conte de fées, ce qui importe c'est ce que vous en avez retiré, ce sont les qualités que vous avez acquis malgré tout. En vous appuyant sur cette base qu'est votre histoire personnelle, quelle qu'elle soit, ce n'est plus elle qui vous définit mais vous qui vous en servez pour avancer.

Sentez que votre poids est bien reparti, comme si vous vouliez laisser l'empreinte de vos pieds sur le tapis. C'est votre point de départ, puisez y la confiance, soyez fier de ce que vous avez réussi jusqu'à ce jour.

Puis faite remonter votre attention le long de vos jambes, sentez vos hanches bien en ligne. L'énergie vient remplir votre bas-ventre et vous la sentez monter, passer votre nombril et se diriger vers le centre de votre poitrine.

Maintenant imaginez une énergie pénétrer par le centre de votre crâne et descendre rejoindre l'autre au centre de votre poitrine. Exactement là où se trouvent vos paumes jointes. Restez un peu ici, observer cette fusion et quand vous lèverez les bras vers le ciel sentez combien s'ouvre votre cœur, sentez la force et la tranquillité, la beauté. C'est comme remerciez la vie de ce cadeau que vous goutez, la, à l'instant même. C'est l'union de la pensée, des sentiments et de l'action. La certitude, la foi qui guide vos actions, vos mouvements.

Puis suivez le rythme de votre respiration, ce n'est plus votre tête qui vous guide mais votre cœur. La respiration est sensible, elle change aux moindres états d'âmes, elle est donc plus proche du cœur, de l'âme que de la tête et c'est elle qui donne le rythme en Yoga.

Exécutez chaque posture avec plaisir, enthousiasme (mot d'origine grec qui signifie « en union avec Dieu »). Votre corps s'ouvre, s'échauffe, se réveille. Le lien entre chaque posture est l'union de la force-volonté et la douceur-lâcher prise qui sont le courant de la vie sous toutes ses formes.

Et vous voilà au bout d'un cycle. Vous êtes revenus au point de départ et pourtant, si vous prenez le temps d'y regarder de plus près, vous constaterez que vous n'êtes plus tout à fait pareils, car chaque cycle, comme les jours qui se suivent, ne se ressemblent pas.

B) Comme un abandon de soi

Nous avons vu que Surya Namaskar-la salutation au soleil, est un enchainement de plusieurs postures. Tout comme notre respiration à plusieurs stades ou qu'un jour est composé du jour et de la nuit, rien dans la vie n'est véritablement noir ou blanc. Tout est nuancé, les choses passent de l'un à l'autre graduellement. C'est cette vision du lien entre toute chose que l'on peut expérimenter lorsqu'on se concentre autant sur les passages entre deux postures que sur les postures elles-mêmes.

Souvent les pratiquants se concentrent sur la juste exécution des postures qui composent la salutation au soleil. Ils les exécutent les unes après les autres avec dévotion et précision mais ils en oublient les passages intermédiaires. Ces instants entre deux postures, la fin d'une pose et pas tout à fait le début d'une autre, sont pourtant tout aussi important que les postures elles-mêmes.

Si l'on arrive à voir la salutation au soleil comme une analogie de la vie, où chaque posture est une action que l'on mène, on comprendra que les choses ne sont pas aussi clivées. Plus on sera capable d'être présent à chaque instant, y compris dans les instants intermédiaires, plus on sera maître de notre destin. Une chose découle d'une autre, le tout est un courant infini et ce courant infini c'est la vie qui nous porte. Au final, Surya Namaskar, n'est pas une continuité de 12 postures mais un geste, une salutation, un seul cycle. C'est cela qui lui donne du sens, c'est cela qui la rend plus belle.

Si vous êtes suffisamment à l'aise dans l'exécution de la salutation au soleil, observez ces «passages» d'une posture à l'autre. Voyez comment vous les abordez, quelle valeur vous leur donnez. En tenez-vous comptent ou avez-vous tendance à les passer sans y penser ? Remarquez combien la conscience de cette étape intermédiaire vous facilite l'entrée dans la posture suivante.

C) Comme une prière

Pranamasana - Mains sur le cœur, pieds ancrés dans le sol. Vous savez ce que vous désirez, vous savez où vous vous trouvez, vous vous alignez avec l'univers. Vos mains au centre de votre poitrine, un geste qui symbolise que votre intention est pure.

Inspiration : *Hasta Utthanasana* Lorsque vous ouvrez vos bras et que vous les levez vers le ciel, vous déclarez votre soumission, vous montrez votre partie la plus sensible de votre être : votre cœur. Vous vous ouvrez à quelque chose qui vous dépasse. C'est un peu comme dire : « Regarde comme mon cœur est pur. ». L'inspiration que vous faites au même moment montre votre détermination, elle absorbe toute la force qui vient d'en haut, la force de savoir que vous n'êtes pas seul, que l'univers est à vos côtés.

Expiration : *Utthanasana* Vous expirez et vous penchez en avant aussi loin que vous le permet votre corps. C'est comme semez votre désir, le matérialiser. C'est semer une graine.

Inspiration : *Ashwa Sanchalanasana* - Vous inspirez à nouveau, une jambe va vers l'arrière, le genou à terre, l'autre plie et vous levez votre poitrine. Vous savez que vous êtes là pour agir sur terre, dans le monde matériel, vous acceptez votre destin tout en sachant que votre connexion à l'univers est la lumière qui guide vos actions, c'est le matériel dont vous êtes composes.

Expiration : *Chaturanga* - la planche. Vous êtes au centre de l'action, dans la réalisation de votre désir. Vous pouvez sentir sa manifestation dans votre vie mais vous avez à ce moment besoin de toutes vos forces et de toute votre capacité d'équilibre. Apres la position verticale vous voilà en positions horizontale, les deux forment une croix. Vous résistez a la gravite et la gravite est ce qui vous aide à maintenir la posture. Vous pouvez y rester le temps d'une inspiration si vous le souhaitez.

Inspiration: Vos genoux touchent le sol.

Expiration : Vous vous allongez complétement, sur le ventre. Vous êtes au plus près du sol, du monde matériel dans une posture où les gestes sont limités, dans une posture de laquelle il semble être difficile de se relever. Et pourtant…

Inspiration : *Bujhangasana* - le cobra. Vous redressez votre poitrine par la force des muscles dorsaux et des mains. Les expériences passées et l'action présente vous aident à ouvrir votre cœur. Votre pubis appuyé au sol dont vous puisez la force. Votre poitrine redressée forme un triangle délimité par vos mains et votre pubis. Vous ressentez de la fierté, vous n'avez rien à cacher, vous savez que vous méritez le meilleur, vous êtes un instrument de l'univers.

Expiration : *Adho Mukha Savasana* – le chien la tête en bas. Vous levez vos hanches vers le ciel, aidés par la force de votre cœur, de vos bras. Les mains poussant vers le sol pour y puiser l'énergie qui monte le long de vos bras, passe dans vos épaules, continue son chemin le long de la colonne vertébrale pour rejoindre le bassin et enfin descendre le long de vos jambes jusqu'à ce qu'elle atteigne le sol à nouveau en passant par les plantes de pieds. Votre expérience vous traverse de part et d'autre. Vous ne voyez plus les choses de la même manière, la tête en bas. Un peu replié sur vous-même, vous ne vous faites pas influencer par le monde qui vous entoure. Vous avez fait ce qu'il fallait.

Inspiration : *Ashwa Sanchalanasana* – la demi-lune. Vous voilà revenu une jambe derrière, genou à terre et l'autre pliée devant. Vous voilà presque à genou. C'est peut-être la même posture qu'au début du cycle mais les sensations sont différentes. Vous êtes à la fin de votre cycle, vous laissez maintenant derrière votre désir et sa réalisation. Vous vous préparez à retrouver le contact direct avec l'univers. Votre cœur est rempli de fierté et de joie.

Expiration : *Utthanasana* – flexion avant. Vos pieds se rejoignent, l'un à côté de l'autre. Votre tronc pend en avant, vos bras vers le sol, vos fesses vers le ciel. Vous ne vous êtes pas étirés cette fois ci pour atteindre cette position, vous n'êtes pas descendu mais vous vous redressez. Vous sentez vos attaches au monde matériel et à votre désir réalisé, vous souhaiteriez peut-être rester dans cette position.

Inspiration : *Hasta Utthanasana* - C'est le moment de se tenir droit et à la verticale. Se redresser demande plus d'effort qu'il n'y parait. C'est là que vous comprenez qu'il est plus facile de se baisser que de se redresser. Utilisant la force terrestre, vous poussez vos pieds dans le sol, vos cuisses se contractent et votre ventre vous permet de garder un dos droit. Le ventre centre des émotions, deuxième cerveau, vous aide à vous décoller. En levant les bras vers le ciel, vous réalisez que vous aviez toujours l'espace nécessaire à la réalisation de votre désir, vous sentez un soulagement, une légèreté que vous ne connaissiez pas. Maintenant vos bras sont ouverts vers le ciel, votre cœur grandi, vos pieds peut-être encore un peu instables suite à ce retour en position verticale et du à la traction vers le haut. Votre esprit est plus vers le haut que vers le bas.

Expiration : *Pranamasana* - En amenant vos mains à la poitrine, vous stabilisez votre position, vous retrouvez l'équilibre entre le monde matériel et le monde spirituel. Vous revenez à votre point de départ, ce point duquel vous avez commencé votre voyage. Vous sentez à nouveau une force vous traverser et la compassion vous enveloppe. Vous réalisez ce que vous avez réalisez, vous faites l'expérience globale.

A chaque fois que vous finissez un cycle de la salutation au soleil prenez votre temps pour revenir au centre. Restez immobile le temps d'une ou de deux respiration, vérifiez l'alignement de votre corps, votre connexion avec le sol, votre présence à l'instant présent.

Le reste de la séance

Vous venez de voir différentes manières d'aborder la pratique de la salutation au soleil. En fait, il y a plusieurs manières d'exécuter les postures de Yoga de manière générale, et donc de vivre la séance. Chacune de ces façons, nous donne une indication sur notre état d'esprit et notre manière d'aborder la vie. Alors durant votre prochaine séance de Yoga, posez-vous la question : Comment est-ce que j'aborde ma pratique ?

- Comme quelqu'un qui se bat avec son corps (environnement) pour qu'il puisse faire ce qu'il souhaite.
- Comme quelqu'un qui accepte son corps et ses limites et ne fait que ce qu'il croit être capable de pouvoir faire.

- Comme quelqu'un qui explore les capacités de son corps et en tire le plus de saveurs, de sensations possible sans attente particulière.

Deuxième version
Leçon de Yoga – leçon de vie

Chaque cours de yoga est un cycle. Il y a un début, un milieu et une fin. C'est un cycle d'une journée. Le réveil, la journée, le coucher. D'une semaine, du Lundi au Dimanche. D'un mois ou d'une année. Toutes les saisons y sont représentées, le printemps, l'automne, l'hiver et l'été. Un cours de Yoga est en soi l'analogie d'un cycle et nous allons voir ensemble son analogie à un cycle de vie.

Pour pleinement créer une analogie au cycle de la vie, dans cette version, il est intéressant de commencer en position coucher (cadavre-Savasana) puis de passer par la position du fœtus (coucher sur le côté, jambes légèrement pliées) avant de venir s'assoir.

L'embryon a grandi, il s'est assis. Il prend le temps d'observer, de ressentir. Il s'est redressé et peut commencer sa découverte de la vie. On se concentre sur l'ici et maintenant, une capacité qu'ont les petits enfants naturellement. C'est le stade du nourrisson. On entre en contact avec son corps, on le sent et on prend conscience de son potentiel.

Puis on commence des mouvements d'échauffement, on s'approprie son corps, on le sent, on l'observe afin de savoir ce que nous pourrons faire ensemble. Un peu comme le très petit enfant qui découvre ses bras, ses jambes et qui, avec l'expérience, se les approprie. Il expérimente ses possibilités et ses limites, apprend à se connaitre, se prépare, s'échauffe et s'étire afin de pouvoir exploiter au mieux ses capacités sans risquer de se blesser.

Vient alors le temps de la station debout. On se lève. C'est la salutation au soleil, on vit, on fait un mouvement après l'autre, on ne voit pas le temps passer. On profite, on accumule des expériences. C'est l'adolescence. Si la préparation était équilibrée, si l'on se sent prêt, on s'y engage généralement avec enthousiasme. Les pieds aux sols reposent sur les expériences que notre environnement familial et social nous a apportées jusque-là. La tête dans les étoiles, pleine de rêves et de projets. Le cœur ouvert pour ceux qui ont eu la chance d'être comblé d'affection et de tendresse.
Au fur et à mesure de la pratique on trouve son rythme. Comme l'adolescent qui au début ne sait pas encore vraiment qui il est, ne sait pas quel est notre rythme, la répétition nous aide à nous situer, à prendre conscience de nos capacités. Il suffit à chaque répétition de changer ce qui ne fonctionnait pas à la précédente jusqu' à trouver les justes appuis. On fonctionne beaucoup à l'intuition, aux sentiments. On a peu de temps pour la réflexion. On apprend à faire un effort répété ou à se contenir dépendant des personnalités.
A la fin du cycle des salutations au soleil, on peut choisir de faire une pause. On se donne un temps de réflexion. C'est un premier bilan. Qui suis-je ? Où vais-je ? Comment je me sens ? Sont des questions que l'on peut se poser et que se posent très certainement les adolescents proches de l'âge mûr.

On doit choisir sa voie professionnelle, on part de la maison, on se dirige vers l'inconnu. Certains vont simplement s'ancrer, d'autres essaient encore de se définir.

Puis vient la position d'équilibre. Nous voilà jeune adulte, on est dans la phase d'équilibre. Le temps des responsabilités. C'est la première récolte, elle nous aide à prendre conscience que nos actes ont des conséquences. Certains vont trouver l'équilibre immédiatement, d'autres pas. Certains sont sûrs d'eux, d'autres pas. Certains cherchent encore, tâtonnent ; d'autres s'ancrent à force de volonté, manquent de souplesse et d'autres semblent se sentir à la maison dans cette attitude.

A partir de maintenant l'énergie est gérée différemment. Nous passons aux postures debout, ce sont les expériences de la vie. Les postures sont plus statiques. Idéalement, en tant que jeune adulte, on fait les choses plus consciemment. Notre façon d'embrasser ou non cette phase de la pratique est influencée par notre personnalité et cette personnalité est le résultat de nos expériences passées. Notre vécu nous sert de base, d'appui.
Ainsi certaines postures sont faciles à exécuter, d'autres moins, tout dépend de nos bagages. On peaufine, on transforme, on améliore, hélas parfois on détériore. On apprend à s'écouter, à écouter, à discerner. On fait face à nos limites, on se rend compte que les accepter peut nous aider à éviter de nous blesser et on découvre aussi nos forces.

L'importance est donnée à l'alignement qui permet la répartition de la force et donc l'économie d'énergie. Un travail persévérant nous permet de repousser un peu nos limites, de gagner en aisance. On comprend l'importance d'être présent à ce que l'on fait et ce que l'on sent. Certains se forcent, essayent de ressembler à l'image qu'on leur a projetée. D'autres sont plus indépendants et cherchent simplement à faire du mieux qu'ils peuvent.

Chaque posture va être une expérience qui nous permettra de développer, de renforcer, de transformer ou de transcender certain aspects de notre personnalité. Les différents combattants : celui qui vise un but et se concentre, les pieds bien accrochés au sol. Celui qui croit, qui a confiance en la vie, les bras levés vers le ciel. Celui qui fête sa réussite. Il y a aussi le danseur, le triangle… toutes ces postures nous dévoilent une autre facette de notre personnalité, nous éclairent sur d'autres possibilités. Elles nous permettent de découvrir des forces que l'on ne pensait pas posséder. Du bloc brut qu'est l'adolescent, on entrevoir maintenant l'image floue de l'adulte mature que l'on est devenu. Cette « identité », nos croyances et valeurs, sont ce qui va nous faire agir d'une manière ou d'une autre. Ce sont elles qui vont influencer notre avenir, elles sont la raison des choix que l'on fera, des réactions que l'on aura.

Mais l'évolution continue. Plus on avance dans cette phase de la pratique plus se pose la question d'« être » en opposition à la question de « faire ». Nous avons essayé de faire au mieux ce que nous avons fait, mais est-ce réellement ce qui nous reflète ? Se sent-on complet ? A-t-on réussit à exprimer la totalité de notre être ? Ou n'avons-nous fait qu'obéir aux rêves, désirs et croyances que les autres avaient mis en nous à notre et à leur insu ?

Si les postures inversées sont introduites à ce moment-là, elles peuvent représenter cette profonde remise en question qui nous fait voir les choses autrement. On se sent pris au piège et on souhaite « inverser la vapeur », il est encore temps. Ici, elles nous permettent de changer notre point de vue. Elles nous donnent confiance en nous et augmentent notre estime de nous-même. Ce n'est plus ce que pensent les autres qui compte mais ce que l'on pense de soi-même. Les inversions, à ce niveau de la session, représentent les expériences qui changent les fondements de notre personnalité. Elles sont une chance de voir les choses d'un point de vue totalement opposé.

Puis nous voilà à l'âge mûr, l'automne de nos vies. On s'assoit. On a construit sa vie. On est, en quelque sorte, assis sur nos acquis. Peut-être sommes-nous parents, peut-être avons-nous trouvé notre voie… On ne court plus comme avant, on préfère un rythme plus lent, on est plus prudent. Le champ d'action s'est réduit mais en même temps il y a concentration de l'énergie sur des points plus précis.

Si les postures inversées se pratiquent à ce stade de la session, elles symbolisent toujours encore la découverte d'une perception différente. Cette

perception se base sur la conscience acquise durant le reste de la pratique. Elles reflètent la confiance en nous, cultivée et renforcée, par notre parcours de vie. C'est aussi une phase de remise en question. Nous entrons dans l'hiver de nos vies et bien des choses qui nous semblaient si importantes, nous semblent maintenant futiles et inversement. Notre vision se transforme. Nous voilà « retournés » par des évènements qui nous montrent que ce que nous avons cru jusqu'à ce jour, n'est pas valide. Nous voilà la tête en bas. Nous ne portons plus le poids des autres sur nos épaules mais le nôtre exclusivement.
Nos pieds ne sont plus la base sur laquelle on s'appuie. On a fait le travail nécessaire ou la vie nous y a conduit, nous sommes seuls avec nous-mêmes. Nos actions sont plus limitées mais plus profondes. C'est l'occasion de travailler ce qui ne l'a pas été jusqu'à maintenant. On puise en nous l'énergie accumulée. En reste-t-il assez ou en avons-nous trop dépensé dans le passé ?

Et nous voilà à la fin de notre vie, dans la posture du cadavre, Savasana. A ce moment précis tout cesse ou presque. Le corps reste immobile, on l'observe, on voit les conséquences de notre pratique, de nos actions. C'est le temps du bilan. Puis on le laisse car il ne nous est plus utile, ce n'est plus ce que l'on veut vivre, l'expérience n'est plus dans le corps, on cherche une autre dimension de notre être.
Ainsi on amène notre attention sur le souffle, sur la vie qui va et vient en nous. Nous nous déconnectons de notre dimension physique, le corps s'efface et la

respiration prend une autre dimension, elle s'étend. Elle devient le pont entre le visible et l'invisible, entre notre dimension consciente et inconsciente. On se laisse porter, on la laisse nous guider, on abandonne sa forme matérielle pour ne la vivre que dans sa forme spirituelle. Du coup elle nous englobe, elle n'est plus séparée de nous mais nous sommes au centre d'elle. C'est comme être au centre d'un cœur qui bat. On sent chaque battement, chaque mouvement, chaque expansion et chaque contraction. On comprend que nous ne sommes pas celui qui les produit, ils se produisent d'eux-mêmes et nous nous les observons. On oublie son va et vient, on est au cœur de la vie.

En conclusion

Nous sommes comme des miroirs. Le reflet de la réalité sera fidèle, si la surface réfléchissante est propre, sans tâche. C'est aussi pour cela que la pratique du yoga suppose une ouverture de cœur, de la persévérance et de l'humilité.

L'ouverture de cœur nous permet d'être à l'écoute, d'apprendre à et de se remettre en cause. La persévérance vous donne la force de continuer dans les moments de doutes et d'incertitudes, sans elle difficile de progresser. L'humilité, quant à elle, nous permet d'accepter les leçons que nous allons tirer de notre pratique et de rester ouvert afin que nous puissions évoluer jusqu'à notre dernier souffle.

Le yoga est un état d'être, un état de pleine conscience, de perception pure. Cet état ne peut être décrit car il est avant tout une expérience personnelle. Sa nature universelle Yoga lui donne son in-formité, car toute chose universelle de par sa nature ne peut avoir de forme définie sans quoi elle n'est plus universelle.

Certaines personnes pratiquent le yoga depuis très longtemps mais sont encore prisonnière de leur Ego. D'autres ne l'ont jamais pratiqué et sont pourtant libres.

Ce n'est pas la pratique du yoga qui fera évoluer une personne mais la personne qui souhaite évoluer qui trouvera dans la pratique du yoga les outils et techniques pour le faire. Les techniques seront comme une lampe torche qui l'aideront à y voir plus clair dans l'obscurité, les connaissances seront une carte des lieux. La lampe torche lui permettra d'avancer dans l'obscurité pour trouver l'interrupteur et allumer la lumière. La carte lui servira à préparer le voyage et se diriger dans la bonne direction, elle lui évitera de se perdre. Car la sagesse ne peut être enseignée ou offerte, seules les techniques pour l'atteindre peuvent l'être. Le Yoga étant sagesse, en tant qu'union avec ce qu'il y a de divin/de meilleur en nous, il ne peut que nous être dé-voilé.

Si vous souhaitez m'envoyer un commentaire ou si vous avez des questions je me tiens à votre disposition au yoganidravs@yahoo.com

Vous pouvez également visiter mon site www.nlpsynplus.com/fr

Bonne continuation dans le monde du yoga!

© 2025 Valérie Saier
Édition : BoD · Books on Demand, 31 avenue Saint-Rémy, 57600 Forbach, bod@bod.fr
Impression : Libri Plureos GmbH, Friedensallee 273, 22763 Hamburg (Allemagne)
ISBN : 978-2-3225-6927-4
Dépôt légal : Janvier 2025